Tenerife

Harald Klöcker

Deltas

Toerisme in de ware zin van het woord: in Playa de las Américas aan de zonnige zuidwestkust heerst bijna dag en nacht vakantiedrukte. Hier is Tenerife niet het eiland van de eeuwige lente, maar van de eeuwige zomer.

Welkom op Tenerife

MERIAN-tips

Tenerife beleven

Mooie steden en dorpen

Uitstappen

Kaarten en plattegronden

De letter-cijfercombinaties in de tekst verwijzen naar de kaarten.

Belangrijke informatie

Meer dan vier miljoen toeristen bezoeken jaarlijks het grootste van de Canarische Eilanden met zijn bergen, stranden en een zonnig klimaat.

Het ligt zo gemakkelijk in de mond: Tenerife. In de reisbrochures komt de naam vaak voor. Maar exact genomen bestaat Tenerife helemaal niet – tenminste niet het Tenerife waar iedereen het over heeft. Hoewel het toch een feit is dat men hier een reis naar Tenerife kan boeken: niets is gemakkelijker, overdreven duur is het ook al niet, slechts vier uur vliegen, meer dan 3000 kilometer in vogelvlucht naar het zuidwesten, met landing op de luchthaven Reina Sofia, dan verder met de bus naar het hotel in Playa de las Américas, Los Cristianos of Puerto de la Cruz. Tenerife, het vakantie-eiland, de zonnebestemming bij uitstek, 40 miljoen toeristen tijdens de afgelopen 20 jaar, een miljoen toeristen in 1975, nu al meer dan vier miljoen toeristen per jaar, meer dan 140.000 hotelbedden. En dit Tenerife zou niet bestaan?

Het bestaat wel, zegt mijn vriend Manolo uit La Laguna, maar dit is slechts een deel van het geheel, dit is niet Tenerife, niet het eigenlijke, niet het typische, niet het echte Tenerife; dat begint pas aan de uitvalsweg van Playa

Hier speelt de natuur nog de hoofdrol: Tenerifes noordkust met de hoogste berg van Spanje, de Pico del Teide.

de las Américas of Los Cristianos, dus ver weg van het massatoerisme.
Hier brengen sommigen spottend tegenin dat heel Tenerife geteisterd wordt door het massatoerisme: alleen maar drukte, namaak en niets dan geschonden natuur.
Aan de andere kant zijn er dan weer de prachtige brochures en enthousiastelingen: voor hen is Tenerife de droombestemming bij uitstek, het gelukkige eiland, het paradijs met de eeuwige lente, de oase in de Atlantische Oceaan.
Het is logisch dat een toeristische bestemming van dit formaat zowel kritiek als enthousiasme oproept. De waarheid ligt zoals zo vaak ergens in het midden. Mijn voorstel: voor iedereen het Tenerife dat hij zoekt, dat hij begeert. Op die manier bestaan er inderdaad meerdere Tenerifes.
Wie zijn vakantiegeluk laat afhangen van veel zon, strand, hotelcomfort, winkelen en geanimeerde drukte, vindt in Playa de las Américas, Los Cristianos of Puerto de la Cruz de betreffende dienstverleningscentra en kan zich daartoe wenden. De enclaves van het comfort en de drukte maken – naar schatting – misschien 1,5 procent van het eilandterritorium (2034 km^2) uit. Wie meer verwacht van Tenerife, heeft dus de overige 2000 km^2 ter beschikking.
En hier begon destijds mijn interesse voor dit Canarische universum.

Dol op zoete vitaminen? De kleine Tenerife-bananen zijn bijzonder lekker.

Reusachtige bergen, prachtige uitzichten

Lievelingswegen, lievelingsplaatsen: als het kon, zou ik graag nog een keer door de pijnboombossen op de heuvels van de Cañadas van Vilaflor naar Paisaje Lunar gaan; of de strakke winden vanuit de Atlantische Oceaan trotserend vanuit het leuke plaatsje Teno Alto naar beneden tot aan de vuurtoren op de Punta de Teno; of door de Barranco de Tahodio van de uitzichttoren Pico del Inglés naar beneden naar Barrio de la Alegría. Ik zou ook graag nog eens een keer 's morgens vroeg met de lijnbus van La Laguna door de laurierbossen en heidevelden van het Anaga-gebergte rijden om in Las Carboneras aan te komen. Het is er prachtig: enkele huizen op de heuvels boven een kloof, drie kakelende kippen en een enorme stilte, daaromheen roestrode, steenrode en okerkleurige grond, enkele statige drakenbomen. Je blik glijdt naar een opvallende rotspunt aan de andere kant van de kloof. En dan nog een keer van hieruit de wandelweg volgen, die over Chinamada bergaf naar Punta del Hidalgo loopt en onderweg prachtige uitzichten op de rotsformaties van de kust toont.

Of in het Anaga- of in het Teno-gebergte, of in het Teide-gebied of op de berghellingen van de Cañadas: Tenerife is een bergland. Ravijnen, bergtoppen, bossen, bizarre rotsen, keien, lava, tufsteen en as vormen de ingrediënten van dit landschap, zodat men steeds weer moet stijgen en dalen om zijn doel te bereiken. Wanneer men van de stranden weggaat, is men steeds in de hoogte, vaak zelfs op gelijke hoogte met valken of andere roofvogels. Men wordt met uitzichten beloond, luidt de leuke boodschap voor wandelaars, en dat klopt.

Tenerife, wat bezorg jij ons schitterende uitzichten! Alleen al het uitzicht vanaf het platform La Rambleta, dat 3555 m boven de zeespiegel onder de top van de Teide is gelegen, over het bizarre vulkaanlandschap van het nationale park, van de Mirado les Cumbres over de Orotava-vallei, van de Mirador de Don Pompeyo over de bananenplantages in Buenavista en de gekloofde noordkust, van de Mirador Pico del Inglés over de rotsriffen en de door weelderige vegetatie overwoekerde valleien van het

Bruinzwarte rotsen en een wit Saharastrand: Playa de las Teresitas

Anaga-gebergte, van de Punta de Teno op La Gomera en La Palma. Grandioos, buitengewoon ver en verblijdend zijn deze uitzichten. En steeds kijkt men neer op het samenspel van eiland en zee, dat verschilt afhankelijk van licht en tijdstip van de dag.

Een buiging voor de bomen

De Teide is het Canarische evenement bij uitstek. Op deze of soortgelijke manier werd de Teide omschreven door schrijvers en prominente Tenerife-bezoekers, waaronder de ontdekkingsreiziger Alexander von Humboldt, die in juni 1799 vijf dagen lang het eiland verkende. De Teide, veel beschreven en bezongen, op ontelbaar veel ansichtkaarten afgebeeld, is inderdaad buitengewoon prachtig en wordt door iedereen bewonderd. Niet minder imposant is de buitengewoon soortrijke, voor de Midden-Europeanen op vele plaatsen exotisch lijkende vegetatie van dit Canarische universum. De flora op Tenerife is fascinerend, dat begrijpt men beter naarmate men zich hier intensiever mee bezighoudt: de heide- en laurierwildernis in het noorden die door de passaatwinden steeds van voldoende vocht wordt voorzien, de bosgordel van Canarische pijnbomen die tussen 1000 en 2000 m hoogte ligt, vele zelfs tot 40 m hoog en waarvan de stam een diameter heeft van bijna drie meter; dan de valleien en heuvels met de vijgencactussen, palmen en mooie wolfsmelkstruiken en ten slotte de drakenbomen die door de oerbewoners, de Guanchen, als heilig vereerd werden en waarvan het rode hars werd ge-

Avontuurlijk: de weg naar Masca in het Teno-gebergte

bruikt om de doden te mummificeren en om geneeskrachtige zalven te maken.
De planten en bomen in de parken, lanen en botanische tuinen van Tenerife zijn bewonderenswaardige persoonlijkheden: araucaria's, jacaranda-, papaja- en flamboyantbomen met indrukwekkende afmetingen, verder de vele Indische laurier- en Afrikaanse tulpenbomen die de lanen sieren, of de tamarinden in het Parque Municipal García Sanabria in Santa Cruz.

Bewogen geschiedenis, levendige tradities

Even indrukwekkend en de moeite waard zijn de monumenten van de Canarische architectuur: de prachtige, met quadersteen en massief grenenhouten balken gebouwde adellijke huizen en herenhuizen in Orotava, Santa Cruz of La Laguna met hun façades, balkons en binnenpleinen; evenals de kerken en kloosters. Wie zich in het handwerk, de tradities en getuigenissen van de landelijke streken van Tenerife wil verdiepen, zal zeker genieten van een bezoek aan de Casa de Carta in de Valle de Guerra. Andere musea zijn gewijd aan de algemene geschiedenis van Tenerife, de natuurgeschiedenis en militaire geschiedenis, aan de beeldende kunst, archeologie, de traditie van de wijnbouw of – een zeer interessant thema – de mythen, begrafenisriten, levens- en werkwijzen van de Guanchen. Wie de 2000 vierkante kilometer van het échte Tenerife bezoekt en nauwkeurig observeert, voldoende tijd neemt en daar waar hij zich bevindt contact zoekt met de bevolking, zal zien dat de mensen hier uitermate vriendelijk zijn. De Tinerfeños, zoals de bewoners van het eiland genoemd worden, zijn levenslustig en gehecht aan hun eiland. De mannen vieren hun enthousiasme bot op het vissen, het voetbal en de Lucha Canaria, een sport die verwant is met het worstelen. Men moet beslist eens zien hoe expressief honderden volwassen mannen zich kunnen opwinden wanneer in de Lucha-Canaria-arena twee corpulente mannen worstelen om de tegenstander met zijn enorme lichaamsmassa op de mat te krijgen.
Ook een uitgesproken familieband en een talent voor behaaglijke gezelligheid zijn typisch voor de mentaliteit van de Tinerfeños. Tijdens het weekend, vooral in de zomer, trekken de families uit de steden weg naar de stranden of naar hotelletjes. Daar wordt met de hele familie gefeest, wat steeds met een overvloedige maaltijd eindigt. Dat kan een puchero-stoofpot, vis of gebraden geit of konijn zijn. Hierbij vloeit – uit verbondenheid met het eiland – rijkelijk wijn van Tenerife. Wanneer de gezelligheid haar hoogtepunt bereikt, roken de mannen een – hoe kan het ook anders – Canarische sigaar. Tijdens de wintermaanden mondt het Fiesta de San Andrés

op 30 november elk jaar uit in een hoogtepunt van gezelligheid. Volgens de traditie eet men dan geroosterde kastanjes en proeft men hierbij uitvoerig de nieuwe wijn.
Een medium dat men absoluut niet kan wegdenken uit het dagelijkse leven van Tenerife en de Tinerfeños is de muziek. Overal in de bars, aan het strand, in de parken, in de straatjes weerklinkt die – als een elixir voor toenemende levensvreugde: samba-, bolero-, tango- en vooral salsaritmes. Salsa, salsa overal. Bevinden we ons dan in Latijns-Amerika? Natuurlijk niet, maar de verbondenheid met Latijns-Amerika, vooral met de muziek, ligt de Tinerfeños nauw aan het hart.
Dit heeft plausibele redenen. Duizenden Tinerfeños zijn in het verleden om economische redenen naar Cuba, Colombia, maar vooral naar Venezuela getrokken. Niet weinig Tinerfeños hebben nu familie daarginds in Caracas of in andere landsgedeelten van Venezuela, ze onderhouden de familiebanden en bezoeken elkaar. Vele Tinerfeños die een mooi huis of een restaurant bezitten, hebben het geld daarvoor op het 'achtste eiland', zoals Venezuela wel eens schertsend wordt genoemd, verdiend. Zelfs de dagbladen wijden regelmatig een volledige bladzijde aan de gebeurtenissen op het 'achtste eiland'. Zo ver reikt deze verbondenheid.
Beneden in Playa de las Américas, in de hotelcomplexen en enclaves van het massatoerisme, hoort men echter ook salsaklanken, maar de vriendelijke Tinerfeños leert de toerist daar helemaal niet kennen. Zou hier zelfs iemand weten wat het 'achtste eiland' is?

Bijna alle toeristen arriveren op Tenerife per vliegtuig. Dit is een makkelijk te bereiken bestemming want het hele jaar door worden er lijn- en chartervluchten aangeboden.

Met het vliegtuig Buitenlandse toeristen arriveren meestal op de in het zuiden van het eiland gelegen luchthaven **Reina Sofia**, die de afgelopen jaren werd uitgebreid en gemoderniseerd. Reizigers die een all-inreis boekten, worden van hieruit met bussen naar hun hotels gebracht. Individuele reizigers kunnen vanuit de zuidelijke luchthaven (Tenerife Sur) met lijnbussen van de maatschappij **TITSA** de hoofdstad Santa Cruz, het plaatsje Granadilla en de grotere toeristische centra bereiken.

Een tweede luchthaven, **Los Rodeos** of Tenerife Norte genoemd, is in het noorden van Tenerife gelegen op amper tien kilometer ten westen van Santa Cruz. Hier komen vooral reizigers van het Spaanse vasteland of van de andere eilanden van de Canarische archipel heen. De maatschappij **Binter** verzorgt de vluchtverbindingen tussen alle Canarische Eilanden. Tussen Tenerife en Gran Canaria vliegt ook de maatschappij **Spanair**. Er zijn busverbindingen met de TITSA vanuit Tenerife Norte naar

De mooiste manier om aan land te komen is per boot. Wie weinig tijd heeft, zou toch ten minste de overzet moeten gebruiken om een van de naburige eilanden te bezoeken.

Santa Cruz, Puerto de la Cruz, Buenavista en Icod de los Vinos. Het is bijzonder druk tijdens de kerstvakantie, daarom moet men vluchten naar Tenerife in deze periode tijdig reserveren.

Luchthaven Reina Sofia ▪ C 6
(Tenerife Sur)
Tel. 9 22 75 92 00 en 9 22 75 90 00
Luchthaven Los Rodeos ▪ E 2
(Tenerife Norte)
Tel. 9 22 63 59 98, 9 22 63 59 99 en 9 22 25 79 40
IBERIA
Tel. 9 22 75 93 75 (Tenerife Sur), 9 22 63 58 55 (Tenerife Norte)

Met de boot Eenmaal per week (momenteel elke zaterdag om 17 u) vaart een passagiers- en autoveerboot van de Spaanse maatschappij Trasmediterránea tussen de Zuid-Spaanse kuststad Cádiz en Santa Cruz de Tenerife. De overtocht duurt ongeveer twee dagen.
Trasmediterránea verzorgt ook de overtochten tussen Santa Cruz de Tenerife en Las Palmas de Gran Canaria, Fuerteventura (Morro Jable), Lanzarote en La Gomera. Vanuit Los Cristianos in het zuiden van Tenerife organiseert Trasmediterránea overtochten naar de naburige eilanden La Gomera (San Sebastián) en El Hierro (Valverde). De maatschappij **Fred Olsen** zorgt voor verbindingen tussen Los Cristianos en La Gomera, respectievelijk La Palma evenals tussen Santa Cruz de Tenerife en Agaete (Gran Canaria).

Trasmediterránea
Tel. 9 22 84 22 77 en 9 22 84 22 34
Fred Olsen
Tel. 9 22 29 00 11 (overtocht naar La Gomera); 9 22 22 10 87 (overtocht naar Gran Canaria)
Hoofdkantoor 9 22 62 82 00, fax 9 22 62 82 53
Bovendien is er de veerboot Bonanza Express, die Santa Cruz de Tenerife en Agaete (Gran Canaria) aandoet.

Georganiseerde tochten en uitstapjes worden ter plaatse overal aangeboden. Wie liever zelfstandig iets onderneemt, kan een auto huren.

Auto Het aantal benzinestations en het wegennet werden de afgelopen jaren sterk uitgebreid. De meeste benzinestations zijn gesloten op zon- en feestdagen. Via de autoweg, die Playa de las Américas met Santa Cruz verbindt en van daar via La Laguna naar Puerto de la Cruz verder loopt, gaat het (afgezien van het spitsuur in Santa Cruz) normaal gesproken zeer vlot. De grote wegen in de bergen zijn bochtig, vaak zeer smal en onoverzichtelijk. Dit geldt vooral voor de weg van Santiago del Teide via Masca naar Buenavista en voor de wegen in het Anaga-gebergte.

Huurauto De grote internationale verhuurbedrijven hebben kantoren op de twee luchthavens van Tenerife en in de belangrijkste toeristische centra aan de zuid- en noordkust. Het is raadzaam de prijzen te vergelijken en de contractueel vastgelegde huurvoorwaarden heel grondig te lezen.
Soms is het beter om de huurauto (samen met het vliegticket) al bij de reisorganisatie in België of Nederland te reserveren. In geval van nood is dan een rechtbank in België of Nederland bevoegd.

Openbaar vervoer De maatschappij **TITSA** (infolijn dag en nacht 9 22 53 13 00) verzorgt busverbindingen tussen de grotere oorden. Bussen naar kleinere plaatsen rijden vooral 's morgens vroeg en in de late middag. Tickets zijn relatief goedkoop. Belangrijkste draaischijf voor busverbindingen is het busstation in Santa Cruz.

Busstations
Santa Cruz
Tel. 9 22 21 81 22 en 9 22 21 56 99
La Laguna
Tel. 9 22 25 94 12
La Orotava
Tel. 9 22 33 27 02
Puerto de la Cruz
Tel. 9 22 38 18 07
Icod de los Vinos
Tel. 9 22 81 13 04
Playa de las Américas
Tel. 9 22 79 54 27

Taxi's Alle taxi's moeten met een taximeter zijn uitgerust. De tarieven zijn vastgelegd en kunnen op verzoek van de klant worden ingekeken. Bij langere ritten is het raadzaam om de prijs vooraf te weten.

Fietsen Tenerife is voor het overgrote deel bergachtig. De meeste verkeersvrije wegen die door prachtige landschappen lopen en ideaal zijn voor fietstochten, zijn bochtig en vrij steil. Hierop moet men dus wel voorbereid zijn. Zonder een fiets die is uitgerust voor de bergen, versnellingen en uitstekend werkende remmen heeft en zonder zin voor sportieve inspanningen zal men op de wegen met haarspeldbochten in de bergen geen leuke vakantiedag beleven.

Fietsverhuur Fietsen worden verhuurd in de grote toeristische centra Playa de las Américas, Los Cristianos en Puerto de la Cruz. Er worden ook steeds meer mountainbikes aangeboden.

In Puerto de la Cruz:
Jomasa 1 ■ f 2, blz. 63
Aptos, Teide Mar
Tel. 9 22 38 01 01 en 9 22 38 08 24
Jomasa 2 ■ c 2, blz. 63
Calle la Marina 6
Tel. 9 22 38 59 58
Gregorio Camejo ■ c 3, blz. 63
Hotel Tigaiga
Tel. 9 22 33 09 10 resp. 9 22 38 35 00

In Playa de las Américas:
Rent-a-Bike – Camago ■ B 5/B 6
Hotel Tenerife Royal Garden
Tel. 9 22 75 19 58

In Los Cristianos:
Diga Sport ■ B 6
Centro Comercial San Telmo
Tel. 9 22 79 30 09

Afstanden (in km) tussen de grotere plaatsen op Tenerife

	Candelaria	Luchthaven Reina Sofia	Garachico	La Laguna	Playa de las Américas	Puerto de la Cruz	Santa Cruz	Santiago del Teide	Tacoronte	Vilaflor
Candelaria	–	43	79	22	58	53	17	78	36	59
Luchthaven Reina Sofia	43	–	86	65	16	96	60	66	79	16
Garachico	79	86	–	57	69	26	62	20	43	70
La Laguna	22	65	57	–	80	31	5	73	14	81
Playa de las Américas	58	16	69	80	–	110	75	49	94	30
Puerto de la Cruz	53	96	26	31	110	–	36	42	17	80
Santa Cruz	17	60	62	5	75	36	–	78	19	76
Santiago del Teide	78	66	20	73	49	42	78	–	59	55
Tacoronte	36	79	43	14	94	17	19	59	–	57
Vilaflor	59	16	70	81	30	80	76	55	57	–

Strandvakantie met alle comfort: de grote, goed ingerichte hotels concentreren zich in Puerto de la Cruz aan de noord- en in Los Cristianos/Playa de las Américas aan de zuidkust.

In de beide centra in het noorden en het zuiden vindt de vakantieganger een heel gamma hotels, appartementen en bungalows. Alle luxecategorieën zijn hier vertegenwoordigd, waaronder niet weinig grote hotels van bekende Spaanse of internationale hotelketens. Alleen al in het dichtbevolkte gebied Los Cristianos/Playa de las Américas aan de zuidkust is ongeveer 70 procent van de toeristische sector georganiseerd. Hier en in Puerto de la Cruz aan de noordkust verblijft de overgrote meerderheid van de all-inreizigers. Wie arriveert zonder vooraf te hebben gereserveerd en zelfstandig onderdak wil zoeken, moet wel met het volgende rekening houden: een jeugdherberg bestaat niet en er is maar één **camping**: in Arona aan de zuidkust. In het voor wandelaars zo aantrekkelijke Anaga-gebergte in het noorden van het eiland is er spijtig genoeg geen officieel logies. Binnen het nationaal park van de Teide kan men maar op twee plaatsen overnachten: in de op 3250 m boven de zeespiegel ge-

Traditie en sfeer: hotel Monopol, in 1742 als handelshuis in het historische centrum van Puerto de la Cruz gebouwd, is al meer dan 100 jaar een sfeervolle logeerplaats.

legen berghut **Refugio de Altavista** (enkele uren klimmen, Spartaanse inrichting, alleen voor zelfverzorgers) en in het luxueuze **Parador-hotel**. Voor de rest vindt de individuele toerist bijna overal hotels, hostals, pensions en appartementen. De **hotels** zijn naargelang hun inrichting onderverdeeld in één- tot vijfsterren-, de hostals in één- tot driesterren- en de **pensions** in één- of tweesterrencategorieën. De kwaliteitsstandaard van de **appartementen** wordt met sleutelsymbolen aangeduid. Meerdere hotels, zoals het Oceano in Punta del Hidalgo of het Tierra del Oro in Los Realejos, delen zichzelf in bij de categorie fitness- en sport- of kuurhotels en beschikken over medische ontspannings- en kuurinstallaties.

Logeren op het platteland
Onder de categorie Turismo Rural verhuren enkele inlanders gerestaureerde fincas, boerderijen en herenhuizen in een landelijke omgeving. Voor een brochure en meer informatie kan men zich wenden tot: **Central de Reservas de ATTUR** (Asociación Tinerfeña de Turismo Rural), tel. 9 22 21 55 82, en Hoteles Rurales Canarios, tel. 9 22 16 11 69, fax 99 22 16 12 05 of Aricotur, Carretera General 11, Arico, tel./fax 9 22 16 11 33.
Hotels worden bij de afzonderlijke plaatsen in het hoofdstuk 'Mooie steden en dorpen' beschreven.

Prijsklassen

De prijzen zijn geldig voor één overnachting met twee personen op basis van een tweepersoonskamer, zonder ontbijt.
Luxeklasse: vanaf 120 €
Hoge prijsklasse: vanaf 60 €
Gemiddelde prijsklasse: vanaf 30 €
Lage prijsklasse: tot 30 €

MERIAN-TIP

San Roque Buitengewoon luxueus, smaakvol en origineel met designmeubelen ingericht hotel in een prachtig gerestaureerd gebouw uit de 17de eeuw. Verwarmd zwembad, sauna, restaurant, airconditioning, badkamer met jacuzzi, enz. Mountainbikes, visgerei, video's en cd's kunnen gratis worden geleend. Uitgelezen aanbod wijnen en sterkedrank. Vriendelijke service. Men spreekt ook Duits, Engels en Frans. Estebán de Ponte 32, 38450 Garachico, 19 tweepersoonskamers en 1 maisonnette-suite, luxeklasse (AE, DC, EC, Visa) ■ B 3

Traditie is een trend: enkele restaurants hebben zich toegelegd op de authentieke Canarische keuken en serveren specialiteiten. Verrassend is het grote aanbod inlandse wijnen.

Aan eenvoudige, maar gezellige restaurants (**merenderos**), tavernes, cafés en bars heeft Tenerife geen gebrek. In de grote toeristische centra in het zuiden van het eiland ziet men vele restaurants die zich willen aanpassen aan de smaak van de buitenlandse toeristen en zich daarom aan de internationale keuken hebben overgegeven, wat men daaronder ook mag verstaan. Wie op Tenerife geen Duitse varkenspoot met zuurkool, wienerschnitzel of Italiaanse pastagerechten wil eten en de typische keuken van het vakantieland wil leren kennen, moet zelf het initiatief nemen en zich – buiten de dichtbevolkte toeristische centra – naar de kleinere kustplaatsjes of het binnenland begeven. Daar krijgt men specialiteiten voorgeschoteld die deze benaming ook nog echt verdienen. Van een aparte Tinerfeñische keuken kan men niet echt spreken, maar wel van een Canarische keuken. En deze bezit – ondanks alle vooroordelen – een opmerkelijke culinaire charme.

Lekkere traditionele gerechten

De Canarische keuken streeft niet naar elegantie en raffinement, maar cultiveert haar volkse, landelijke wortels. De bereiding gebeurt meestal volgens eenvoudige recepten, maar de ingrediënten – zeevruchten of vis uit de Atlantische Oceaan, geiten- of konijnenvlees, groenten en fruit van het eiland zelf – zijn van uitstekende kwaliteit. Hiervan getuigt bijvoorbeeld de geliefde **puchero canario**, een stoofschotel met een evenwichtige verhouding van groenten en vlees.

Aardappelen in zoutkorst, hierbij enkele lepeltjes 'mojo' met knoflook en een glas rode wijn – de echte Canarische keuken is krachtig, pikant en voedzaam.

Afhankelijk van de voorraad en de periode van het jaar bevat de krachtige, vullende puchero canario uien, wortelen, tomaten, pompoen, zoete aardappelen, maïs en kikkererwten, gemengd met rund- en kippenvlees, spek en paprikaworst (**chorizo**). Elk volks restaurant zweert bij het aloude huisrecept voor puchero. Als het ware een culinaire nageboorte van de puchero zijn de **tumbo** en de **ropa vieja** ('oude jurk'). Voor de bereiding van de eerste neemt men de jus met kikkererwten en groenten die van de puchero is overgebleven en men voegt daarbij gebakken knoflook. Een **ropa vieja** is gebaseerd op de vleesresten van de puchero, die worden gekruid en in een pan gebakken. Over het algemeen zijn de Canarische groentesoepen (**potajes**) en bijgerechten met pompoen, kool, wortelen en diverse bonensoorten, maïs, biet of kikkererwten zeer lekker en fijn. Een waar genot voor fijnproevers zijn ook de avocado's. Bijzonder lekker zijn zeer rijpe avocado's met mosselen en zeevruchten.

Een lofzang voor de aardappelen Een belangrijk basisbestanddeel van de Canarische keuken is de aardappel. Er werd aangetoond dat deze al in de 16de eeuw vanuit de Nieuwe Wereld hierheen werd gebracht. Bijna ongelofelijk, maar gelukkig wel waar: bijna 50 aardappelsoorten, allemaal van verschillende grootte, uiterlijk en smaak worden momenteel op de Canarische Eilanden gecultiveerd, de meeste en beste in verband met het klimaat en de hoogte op Tenerife. Een echt aardappelcentrum is het op 1450 m hoogte gelegen plaatsje Vilaflor.

Patata heet de aardappel in het Spaans, op de Canarische Eilanden wordt hij net zoals in

MERIAN-TIP

Mesón El Drago Dit restaurant is in een stijlvol gerestaureerd gebouw met een mooie binnenplaats en een drakenboom ondergebracht. Topper: de prominente kok Carlos Gamonal verfijnt typisch Canarische gerechten op een originele en creatieve wijze. Hij gebruikt hiervoor alleen de beste basisproducten en tovert lekkere vis-, vlees- en groentespecialiteiten en verleidelijke desserts op tafel. Hierbij worden uitgelezen wijnen geschonken. Professionele service. Urbanización San Gonzalo, El Socorro-Tequeste, hoge prijsklasse (AE, EC, Visa) ■ E 1/E 2

Latijns-Amerika papa genoemd. De eigenaardigste, lekkerste soorten zijn de **papas bonitas** of de vanbuiten zwarte en binnenin gele, heerlijke **papas negras**, die oorspronkelijk uit Peru komen. Aardappelen worden in vele Canarische gerechten gebruikt. Het meest gebruikt zijn de **papas arrugadas** met een zoutkorst.

Mojo en gofio Traditioneel wordt bij vele aardappel-, vis- en vleesgerechten een passende **mojo** – waarschijnlijk een Portugees woord – geserveerd, een saus op basis van verschillende kruiden en olie. Er zijn mojos in alle denkbare variaties: **mojo rojo** (met rood paprikapoeder), **mojo picón** (met pikant paprikapoeder), **mojo azafranillo** (met saffraan van het eiland), **mojo de ajo** (met knoflook), **mojo verde** (met peterselie of koriander). Naast de aardappel is ook de **gofio** al eeuwenlang een basisbestanddeel van de Canarische keuken. Dit basisvoedingsmiddel van de Guanchen en herders, dat nu nog wordt gebruikt, bestaat uit maïs en tarwe. De granen worden in gofiomolens bij een temperatuur van 150°C geroosterd, de donkere, afgekoelde korrels worden dan, al dan niet gemengd met zout, gemalen. De klaargemaakte, niet licht verteerbare **gofio**, vaak cynisch 'Canarisch beton' genoemd, wordt dan als bijgerecht, bijvoorbeeld bij soep, vlees, kaas of gedroogde vijgen geserveerd.

Typische vlees- en visgerechten Tijdens het weekend reizen de Tinerfeños graag met het hele gezin naar de bekende pensionnetjes (**merenderos**), die gespecialiseerd zijn in het bereiden van gegrilde vleesgerechten (varken, rund, kip of geit). Het plaatsje La Esperanza ten zuiden van La Laguna is bijvoorbeeld zo'n bestemming. Hier kan men gegrild vlees en wijn krijgen. Zeer typisch en lekker zijn op Tenerife de op verschillende manieren bereide, vaak gemarineerde en gerookte konijn- en geitenvleesgerechten. Deze zijn beslist aan te bevelen om eens te proberen.

Vanuit het net (bijna) onmiddellijk op de grill: verse vis is op Tenerife bijzonder lekker.

Wat overigens ook voor de visgerechten geldt. Niet weinig Atlantische vissen, die uitsluitend in de wateren rond de Canarische Eilanden voorkomen, komen in de keukens van de restaurants terecht: vooral verschillende lekkere brasemsoorten, barbeel, makreel, sardienen, moeralen, tonijn, pietermannen, vlekhaaien en stokvissen. Zeer geliefd en uitgesproken lekker is het witte, gespierde vlees van de **vieja** (ook papegaaivis genoemd), een brasemsoort die alleen in de wateren van de Canarische archipel gevangen wordt. Fijnproevers stellen ook de **sama** en **salema** (een soort roodbrasem) op prijs, evenals de spinkrabben, de grote roze garnalen, de Canarische langoustines en de verschillende mosselsoorten.

Fruit en kaas Het klimaat op Tenerife is ideaal voor het kweken van fruit. Echte delicatessen zijn hier vooral de kleine, zoete Canarische bananen, de mango's, papaja's en appels.
Een compliment verdient zeker ook de geitenkaas, die in halfrijp of volrijp stadium de charme van zijn persoonlijkheid het beste laat smaken. Soms wordt hij aan de buitenkant met paprikapoeder ingewreven, wat hem een pikante smaak geeft. Geitenkaas van buitengewone kwaliteit is onder andere te verkrijgen bij de kaascoöperatie in Arico.

Wijnbouw in opmars Geen enkel ander Canarisch Eiland beschikt over dermate veel interessante wijnen als Tenerife. Vele producenten zijn amateur-telers, die alleen wijngaarden van slechts enkele hectaren, maar met hoge kwaliteitseisen bebouwen. De plaatselijke wijnbouw is bezig de vinificatiemethoden te moderniseren en de verplichte kwaliteitsstandaard voor alle wijnbouwers uniform te maken; bovendien wordt met nieuwe druivensoorten geëxperimenteerd.
Tacoronte-Acentejo is het belangrijkste gebied, dat bekendstaat om zijn jonge, fruitige rode wijnen, die gewoonlijk uit de traditionele druivensoorten Listán

Eerst proeven, daarna kopen: de bodega Álvaro in Tacoronte serveert bij de heerlijke wijnen van dit gebied lekkere tapas.

Stijlvolle reclame voor de streling van het gehemelte: uithangbord van een restaurant in La Laguna

Negro, vaak versneden met de soort Negramoll, worden geperst. In de wijnteeltgebieden Ycoden Daute Isora en Cumbres de Abona domineren de witte wijnen, die meestal geperst worden uit Listán Blanco. Een prachtig vulkanisch getinte witte wijn is bijvoorbeeld het merk 'Flor de Chasna' van de wijncoöperatie in Arico. Andere wijnbouwgebieden zijn Valle de la Orotava, Valle de Güímar, Ycoden-Dante-Isora en Anaga. Zeer kwaliteitsgericht werken de bodega's **Afecan** (merk El Lomo), **Insulares de Tenerife** (merk Viña Norte), **Monje, La Palmera** en **Guayonge** in het wijngebied Acentejo.
Informatie over de geschiedenis en het heden van de Tenerife-wijnen verkrijgt u bij de **Casa del Vino 'La Baranda'** (blz. 25, 50) in El Sauzal. Tot dit drukbezochte en deskundig geleide centrum voor inlandse wijncultuur behoren naast een wijnmuseum ook een bar, een restaurant, een degustatiezaal en een winkel waar men bijna alle Tenerife-wijnen tegen voordelige prijzen kan kopen.
Restaurants worden bij de afzonderlijke plaatsen in het hoofdstuk 'Mooie steden en dorpen' beschreven.

Prijsklassen

De prijzen hebben steeds betrekking op een menu zonder dranken, belastingen en drinkgeld.
Luxeklasse: vanaf 35 €
Hoge prijsklasse: vanaf 18 €
Gemiddelde prijsklasse: vanaf 9 €
Lage prijsklasse: tot 9 €

Koffiepauze in La Orotava: na een wandeling door het schilderachtige plaatsje een verfrissing op de door hoge bomen overschaduwde Plaza General Franco

Rothmans
Rothmans
Rothman

Culinaire souvenirs koopt men op de markten in Santa Cruz, La Laguna of Tacoronte. Het oord La Orotava is een metropool op het gebied van de kunstnijverheid.

Vroeger genoten alle Canarische Eilanden van de belastingprivileges van een vrijhandelszone, met dus voordelige prijzen voor bepaalde luxe- en verbruiksgoederen.

Die gouden tijden zijn ondertussen voorbij. De belasting- en invoervoorwaarden die momenteel gelden op de Canarische Eilanden leiden er net zoals vroeger toe, dat bijvoorbeeld geïmporteerde parfums, sterkedrank, goede schuimwijnen, sigaretten, elektronische apparaten of juwelen uit Azië over het algemeen goedkoper zijn dan op het Spaanse vasteland of in België en Nederland. In deze ingevoerde producten hebben vele winkels in het centrum van Santa Cruz en Puerto de la Cruz zich gespecialiseerd. Ze worden meestal – een traditie uit de periode van de vrijhandelszone, die in 1852 werd opgericht – uitgebaat door Hindoefamilies die destijds vanuit Azië immigreerden. Naast parfums, sterkedrank (enorme keuze aan whiskymerken) en tabakswaren bieden deze winkels vaak ook zijde, uurwerken, parels en andere pro-

De fascinerende en exotische flora van het eiland wordt op vele markten als kleurig souvenir aangeboden, vaak al verpakt om mee naar huis te nemen.

ducten uit Azië aan. Een grondige kwaliteits- en prijsvergelijking is aan te bevelen. Vele goedkope merkartikelen kunnen kopieën zijn, hoewel ze er bedrieglijk echt uitzien.

Typische delicatessen Op zoek naar een uitgelezen culinair souvenir? Wat loont de moeite? Bremblosemhoning uit het Teide-gebied bijvoorbeeld. Of bananenlikeur. De aangeboden rum en rum met honing (**ron miel**) is meestal afkomstig van het naburige eiland La Palma, net als de door kenners geapprecieerde sigaren. In het zuiden van Tenerife wordt in geringe mate saffraan geteeld. Uitgesproken lekker, zowel vers als zeer rijp: de geitenkaas. De zeer rijpe kaas wordt vaak ingewreven met paprikapoeder en blijft verschillende weken goed wanneer hij correct wordt bewaard. De belangrijkste producenten van geitenkaas bevinden zich in Arafo en Arico in het zuiden van Tenerife, maar ook in de omgeving van Güímar.

Wijnen met persoonlijkheid Rode en witte wijnen zijn er in overvloed op Tenerife. Het omvangrijkste assortiment wordt aangeboden door **Casa del Vino** in El Sauzal (tel. 9 22 57 25 35, ma gesloten). Maar opgelet: Tenerife-wijnen smaken jong en zijn dus in het oogstjaar of het jaar daarop op hun best. Ze kunnen echter meestal maar een korte periode bewaard worden en doorstaan niet steeds het transport. Wilt u toch een of andere fles meenemen, ga uw gang. Thuis aangekomen zult u echter onmiddellijk proeven of de wijn het transport zonder schade heeft overleefd.

TOPTEN 3

In de drukte van de markten Winkelen op de drukke markten van Santa Cruz, La Laguna en Tacoronte is goed voor het hu-

MERIAN-TIP

Casa Torrehermosa Deze in handwerk gespecialiseerde winkel wordt geleid door de eilandraad voor kunsthandwerk en garandeert dat alle producten afkomstig zijn van plaatselijke producenten. Hier worden bontbestikte tafelkleden, kant en ander textiel, ceramiek, vlechtwerk, poppen en houten voorwerpen aangeboden. Zeer mooi zijn de handgemaakte messen (cuchillos canarios), waarvan de versierde handgrepen uit koeienbeenderen en geitenhorens gemaakt zijn en vroeger door de arbeiders in de bananenplantages gebruikt werden. Calle Tomás Zerolo 27, La Orotava, zo gesloten ■ b 1, blz. 73

meur en zorgt voor een buitengewone vakantiebelevenis.
Fruit, groenten, kruiden, specerijen, kaas, vlees, worst, vis, zeevruchten, huishoudelijke artikelen, garen en band en bloemen worden hier verkocht, bovendien ook huisdieren – duiven, honden, vogels, konijnen, kippen en eenden – en vele originele kleinigheden.
Het spectaculairste marktgebeuren biedt de **Mercado de Nuestra Señora de África** in

TOPTEN 5

Santa Cruz (ma-za in de ochtend). In de straten naast deze markthal vindt elke zondagochtend een rommelmarkt – de **rastro** – plaats, die eveneens een belevenis is. De markt aan de Plaza del Adelantado in **La Laguna** is op alle werk-, zon- en feestdagen (alleen 's morgens) geopend. Daarentegen vindt de kleurrijke boerenmarkt in **Tacoronte** (Carretera General de Tacoronte-Tejina, buiten het centrum gelegen) alleen op zaterdag van 11 tot 17 en op zondag van 9 tot 14 u plaats.

Traditioneel kunsthandwerk

Het toerisme heeft de vraag naar typisch handwerk in de hand gewerkt. Bovendien steunt de regering op het eiland de productie en verkoop van artisanale artikelen. Een omvangrijk assortiment typisch kunsthandwerk vindt men bijvoorbeeld in het **Centro de Artesanía in Garachico** (Calle Estebán de Ponte 5), maar vooral ook in het dorp **La Orotava**. De moeite waard zijn hier: de **Casa de los Balcones** (Calle San Francisco 3), de **Casa del Turista** (tegenover de Casa de los Balcones) en de **Casa Torrehermosa** (Calle Tomás Zerolo 27). Naast het echte kunsthandwerk uit Tenerife worden hier echter ook duidelijk goedkopere producten verkocht.
Typisch voor Tenerife zijn de uit biezen en wilgentwijgjes gevlochten manden, uit stro gevlochten hoeden en vlechtwerk van bananenbladeren. De verschillende ceramiekproducten zijn vaak gemaakt naar voorbeelden van de Guanchen. Vaak worden aarden potten niet op de pottenbakkersschijf, maar met de hand gevormd. Een ideale plaats om deze ceramiek te kopen is het **Centro Alfarero** in **Arguayo**. Sierkleedjes, klederdracht, bloezen, geweven linnen doeken, dekens, borduurwerk en kant (**calados** en **rosetas**) behoren tot het typische textiel. De kant is meestal afkomstig uit het dorpje Vilaflor. Authentieke voorbeelden vindt men in de **Mercado de Artesanía** (Carretera General de Arona). Hier en daar ziet men ook handgemaakte lederwaren, sieraden en houten voorwerpen, vaak uit boomheide gesneden.

Wie de prachtige overvloed aan planten in gegarandeerd 'onverwelkbare' uitvoering mee naar huis wil nemen, vindt veel van zijn gading in de talrijke kunsthandwerkwinkeltjes, bijvoorbeeld in La Orotava.

Actieve vakantiegangers hebben geluk: voor alle soorten watersport zijn de omstandigheden uitstekend. Vele wegen nodigen uit om er te wandelen, alleen of in een groep met begeleiding.

Vele grote hotels beschikken over een eigen tennisterrein, zwembad en sauna en hebben contacten met de agentschappen waar men zich kan inschrijven voor speciale sportieve activiteiten. Een handvol hotels stelt de gasten een eigen fitness- en gymnastiekruimte ter beschikking, zoals het Tierra de Oro in Los Realejos, het Oceano in Punta del Hidalgo, het Bougainville Playa in Playa de las Américas of de hotels Semiramis, Atalaya of La Chiripa in Puerto de la Cruz.

De meest geliefde sport van de Tinerfeños is het Canarische worstelen (**lucha canaria**), waarbij twee zwaarlijvige mannen hun tegenstander met speciale grepen, heup- en voetbewegingen zo snel mogelijk op de mat proberen te krijgen. De wedstrijden – ongetwijfeld een origineel spektakel – worden meestal op de plaatselijke televisiezenders uitgezonden. Waar en wanneer de wedstrijden plaatsvinden, staat in de dagbladen of aan de receptie van de hotels. Het plaatsje El Médano is internationaal geliefd bij de surfers. Het nationaal park van de Teide of het noordelijke Anaga-gebergte zijn het interessantst voor wandelaars.

Net als de professionele duikers komen hier ook de beginnelingen aan hun trekken.

Golf

Golf del Sur ■ C 6
27-holes-parcours met clubhuis, restaurant en andere accommodatie. Alleen voor golfers met een officiële handicap (heren 28, dames 36). Ook internationale toernooien.
San Miguel de Abona, Autopista del Sur, km 61,5
Tel. 9 22 73 81 70, fax 9 22 73 82 72

El Peñón ■ D 2/E 2
18-holes-parcours, ook voor nietleden, verhuur van materiaal (za en zo gesloten).
Guamasa-Tacoronte (bij Los-Rodeos-noordelijke luchthaven)
Tel. 9 22 63 66 07, fax 9 22 63 64 80

Paardrijden

Centro Hípico del Sur ■ C 5
Carretera Buzanada, km 3
Arona
Tel. 9 22 72 06 63, fax 9 22 75 13 34

Club Hípico La Atalaya ■ E 2
La Hoya del Camello s/n
La Laguna
Tel. 9 22 25 14 10, fax 9 22 25 70 02

Ocio Los Brezos ■ D 2
Camino Candelaria, Monte nr. 101
Tacoronte
Tel. 9 22 56 72 22

Rancho Grande ■ C 5
Amarilla Gol
San Miguel de Abona
Tel./fax 9 22 73 53 60

El Rodeo de la Paja ■ D 2/E 2
El Ortigal
Tel. 9 22 25 40 11

Zeilen

Inlichtingen bij de verschillende organisaties:

Club Náutico de Güímar ■ D 3/E 3
Tel. 9 22 52 89 00

Escuela Náutica ■ E 2
Santa Cruz (haven)
Tel. 9 22 27 42 00

Puerto Deportivo Colón ■ B 5
Wijk San Eugenio
Adeje
Tel. 9 22 71 41 63, fax 9 22 71 59 97

Real Club Náutico de Tenerife ■ E 2
Avenida de Anaga s/n
Santa Cruz
Tel. 9 22 27 37 00

Duiken

Gruber's Dive Center ■ B 6
Park Club Europe
Playa de las Américas
Tel. 9 22 75 27 08

Duikschool Atlantik ■ C 2
Voor beginnelingen en gevorderden.
Verhuur van duikmateriaal, cursussen voor het behalen van een licentie, nachtelijk duiken, snorkelcursussen voor de jeugd.
Gezellige familiale sfeer.
Hotel Maritim
Puerto de la Cruz
Tel./fax 9 22 36 28 01

Duikschool Barakuda ■ B 5
Hotel Paraíso Floral
Playa Paraíso (ten noorden van Playa de las Américas)
Tel./fax 9 22 74 18 81

Tennis

Arenas ■ C 2
Twee zandterreinen, professionele trainers.
Carretera de las Arenas s/n
Puerto de la Cruz
Tel. 9 22 37 46 06

Miramar ■ C 3
Vier granulaatterreinen, tenniscursussen, men zorgt voor een tennispartner, tennisboetiek, geklimatiseerd zwembad.
La Romántica II
Los Realejos
Tel. 9 22 36 40 08, fax 9 22 36 40 46

Tenniscenter Florida ■ C 5
3 tennisbanen, strijklicht, zwembad.
Valle de San Lorenzo
Tel./fax 9 22 76 62 35

Wandeltochten

Groepsexcursies in het nationaal park van de Teide vertrekken elke dag op vooraf bepaalde tijdstippen. Inschrijving en inlichtingen:

Centro de Visitantes El Portillo ■ C 3
Bij de kruising van C-824 met C-821 aan de toegangsweg naar het nationaal park.
Tel. 9 22 29 01 29

Centro de Visitantes ■ C 4
Cañada Blanca (naast het Paradorhotel)
Tel. 9 22 69 40 72

Agentschappen voor wandeltochten in een groep, trekking en excursies

Aeonium ■ E 2
Calle Nivaria Fermín Morín 9
Santa Cruz
Tel. 9 22 22 52 04

Alpineschool Innsbruck ■ C 2
Hotel Riu Bonanza, Urb. La Paz s/n
Puerto de la Cruz
Tel. 9 22 38 11 00 en 9 22 38 11 08

Gaiatours ■ C 3
Calle San Agustín 48
Los Realejos
Tel. 9 22 35 52 72

Timah Bergtochten ■ B 5
Adeje
Tel. 9 22 71 02 42

Turgayte ■ E 2
Camino San Bartolomé de Geneto 163
La Laguna
Tel. 9 22 31 11 00

Windsurfen

Het centrum voor deze sport is het plaatsje El Médano. Inlichtingen:

Centro Windsurf ■ C 6
El Médano
Tel. 9 22 17 62 40

Hotel Playa Sur Tenerife ■ C 6
La Plaza 118
El Médano
Tel. 9 22 17 61 20, fax 9 22 17 63 96

Sunwind ■ C 6
Avenida Islas Canarias s/n
El Médano
Tel./fax 9 22 17 61 74

Stranden

De meeste stranden zijn donkere vulkaanstranden. Enigszins brede stranden met fijn wit zand zijn er bijna niet, alleen in de buurt van Playa de las Teresitas, El Médano en Playa de los Cristianos/Playa de las Américas. Hier is het strandleven geconcentreerd, men moet dus rekening houden met enige drukte. Er zijn echter ook talrijke kleinere baaien met aanzienlijk grote stranden en weinig drukte.

Kunstenaars op de plank: surf-riding – dus surfen zonder zeil – is een sport die voornamelijk door de lokale bewoners wordt uitgeoefend.

Vaak zijn deze baaien – vooral aan de noordkust – alleen na lange en vaak niet echt gemakkelijke wandelingen (steil naar beneden) te bereiken. De inspanning wordt echter meestal wel beloond.

Bahía de la Garañona ■ D 2
Mooi, afgelegen en daarom absoluut rustig strand aan de noordkust onder de steile rotskust. Geen strandvoorzieningen. Overwegend jong publiek en zonaanbidders, die graag ongestoord willen genieten. Alleen via een lange wandelweg vanuit Mesa del Mar te bereiken.

El Médano ■ C 6/D 6
Bekend surfcentrum met sterke wind op bijna alle dagen van het jaar. Opgelet: vaak storend stuifzand. Zeer de moeite waard, wegens de zuiverheid en de rust, zijn de witte stranden van Playa de la Tejita, ten zuidwesten van El Médano, en vooral de Playa de la Rajita, ten noordoosten van El Médano. Deze beide bieden meer rust en stilte dan het hoofdstrand Playa del Médano. Tijdens de weekends in de zomer is het meestal druk op de drie stranden.

Playa de las Américas ■ B 5/B 6
Gigantisch centrum van het massatoerisme. Druk gebied met vele hotels, restaurants en ontspanningsmogelijkheden van allerlei aard. Verschillende brede, kunstmatig aangelegde zandstranden, die – zo wordt door de plaatselijke overheid gepland – in de toekomst tot één strandzone van ongeveer 1400 m lang zullen worden samengevoegd en uitgebouwd.
Bij strandweer heerst hier overal een enorme drukte. Er zijn wel alle strandvoorzieningen die men van een metropool van het massatoerisme mag verwachten.
Lange, met palmen omgeven strandpromenade en vele restaurants en tavernes.

Playa de Benijo ■ F 1
Prachtig, afgelegen en rustig zandstrand vlak bij het kleine plaatsje Benijo aan de noordkust van het Anaga-gebergte.
De ietwat langere weg hiernaartoe loopt vanuit La Laguna via Las Mercedes, Taganana en Almáciga. Hier zijn echter geen strandvoorzieningen.

MERIAN-TIP

Playa de Antequera Het kleine, fraaie strand ligt in het uiterste noordoosten van het eiland, vlak bij het plaatsje Igueste en is van daaruit alleen via een wandelweg (3 km noordoostwaarts) te bereiken. Per auto bereikt men Igueste via de C-111 vanuit Santa Cruz, men rijdt noordwaarts via San Andrés en is na 17 km ter plaatse. In Igueste stopt de weg. De Playa de Antequera is een van de rustigste en meest ongerepte stranden van Tenerife, vooral geliefd bij naturisten en mensen die zich in de natuur willen bezinnen. Geen strandvoorzieningen, afhankelijk van het weer tamelijk sterke branding. ■ F 1

Playa de los Cristianos ■ B 6
Het huisstrand van het belangrijke toeristische centrum, Los Cristianos: ongeveer 400 m lang, fijn, licht zand, de havenmuur beschermt tegen de branding en gevaarlijke stromingen. Ook kinderen kunnen hier zonder gevaar in het water spelen. Bij strandweer is het hier steeds druk tot zeer druk.

Playa de las Teresitas ■ F 2
Ongeveer 9 km ten noorden van de hoofdstad gelegen zandstrand. Het zand is afkomstig uit de Sahara en werd vroeger met grote vrachtschepen aangevoerd om een strand met goudgeel zand aan te leggen. Golfbrekers beschermen het strand tegen gevaarlijke stromingen en een hoge branding. Las Teresitas is het huisstrand van de bevolking van Santa Cruz. Tijdens de weekends in de zomer is het hier zeer druk; vooral gezinnen met kinderen voelen zich hier als een vis in het water. Wie het zich kan veroorloven, komt ook op werkdagen hiernaartoe om te zwemmen. 's Zondags is de drukte meestal onverdraaglijk. Vlak bij het strand zijn er vele parkeermogelijkheden, een palmenpromenade en verschillende visrestaurants in het centrum San Andrés.

Puerto de Santiago ■ A 4
Vlak bij dit plaatsje aan de zuidkust liggen twee stranden met zwart vulkaanzand: de zuidelijk vlakbij gelegen Playa de la Arena en een strand onder een steile rotskust (Acantilado de los Gigantes) ten noorden.

Punta de las Gaviotas ■ B 5
Kleine baai met mooi strand vlak bij het dorpje La Caleta aan de zuidkust. Gewoonlijk weinig mensen, geliefd bij naturisten. Geen voorzieningen.

Zand uit Afrika: de Playa de las Teresitas in het noorden van het eiland is een 'kunstmatig' strand – wat echter niets afdoet aan de schoonheid.

Het drukbezochte carnaval in Santa Cruz is het meest prominente feest. Minder bekend zijn de plaatselijke patroonsfeesten en Sacramentsdag in La Orotava.

Elke stad, elke gemeente, ook het kleinste dorp heeft ten minste één beschermheilige, die op zijn of haar gedenkdag met een feestelijke processie (romería), een misviering en allerlei wereldlijke vermakelijkheden zoals dans- en muziekvoorstellingen, toespraken, folkloristische optredens, overvloedig eten, opvrolijkende dranken en een spectaculair vuurwerk wordt gevierd. De aanleiding is meestal van religieuze aard, de uitvoering biedt echter ook voldoende ruimte voor het aardse, zinnelijke vermaak. Niet weinig van dergelijke feesten hebben een volks karakter. Voor de optochten kleden de dorpsbewoners zich in traditionele klederdracht, vaak wordt een span ossen of andere dieren meegenomen.

Daarentegen is carnaval in Santa Cruz een gigantisch massa-evenement, waar duizenden deelnemers van heinde en verre naartoe komen. Ongeveer twee weken duurt dit uitbundige spektakel. In deze periode zijn gewoonlijk alle hotels en pensions in de hele omgeving volgeboekt.

Folkloregroepen vormen een vast onderdeel van de vele feesten op het eiland.

Januari
Los Reyes Magos
Heilige Driekoningen. Familiefeest met uitgebreid eten en veel gezelligheid.
Traditioneel krijgen de kinderen niet met Kerstmis, maar wel op deze dag een geschenk. Spectaculair optreden van de Driekoningen in Santa Cruz.
5-6 januari

Fiestas de San Antonio
Arona, Buenavista, Güímar, La Laguna, La Orotava en Los Realejos
17 januari

Fiestas de San Sebastián
Adeje, Icod de los Vinos en Los Realejos
21-22 januari

Februari
Virgen de Candelaria
Patroonsfeest met beroemde processie ter ere van de zwarte, zogenaamde wonderen verrichtende madonna van Candelaria.
2 februari

Februari/maart
Carnaval
Carnaval wordt ook in Los Cristianos, Tacoronte, Puerto de la Cruz en op andere plaatsen gevierd. Maar het feest in Santa Cruz is veruit het grootste en prachtigste. Het wordt terecht zelfs Zuid-Amerikaanse flair toegeschreven.
Het carnavalsgebeuren begint al ongeveer twee weken voor Aswoensdag. Het hoogtepunt met grootse optochten, bals, straatmuziek, dansopvoeringen, verkiezing van de carnavalskoningin, vuurwerk en de nachtelijke, ongelooflijk uitbundige drukte in het centrum van Santa Cruz (rond de Plaza de España) vindt tijdens het eigenlijke carnavalsweekend plaats. Voor de kostuums is er elk jaar een ander thema, dat tijdig wordt aangekondigd.
Santa Cruz

Maart
San Benito
Patroonsfeest.
La Laguna
2 maart

San José
Patroonsfeest.
La Guancha en El Tanque
19 maart

Maart/april
Semana Santa
Feestelijke Goede Week met bezienswaardige processies op bijna alle plaatsen, bijzonder spectaculair in La Laguna.

April
San Marcos
Patroonsfeest.
Tegueste
16 april

Nuestra Señora de Begoña
Patroonsfeest.
Almáciga (Anaga)
27 april

Mei
Fiestas de Mayo
Meifeest met veel culturele opvoeringen (theater, opera, folklore, tentoonstellingen). Begint aan de vooravond van 3 mei, stichtingsdag van Santa Cruz.
Vanaf 2 mei
Santa Cruz

San Isidro
Patroonsfeest.
Granadilla, Los Realejos, Las Mercedes en Valle de Guerra
15 mei

Mei/juni
Corpus Cristi
Prachtige Sacramentsdag met tapijten van bloemen en kleurig vulkaanzand in La Laguna, Santa Cruz, Tacoronte en op andere plaatsen. De meest kleurrijke en gerenommeerde Sacramentsdag vindt in La Orotava plaats (Merian-tip hieronder).
Op Sacramentsdag

Juni
San Pedro
Patroonsfeest.
Güímar
26-29 juni

San Juan
Zonnewende- en patroonsfeest
Arico, Güímar, Icod de los Vinos en Puerto de la Cruz
24 juni

Juli
Romería de San Benito Abad
Grote optocht waaraan vele studenten van de plaatselijke universiteit deelnemen.
La Laguna
Gewoonlijk de 2de zondag van juli

Nuestra Señora del Carmen
Patroonsfeest, grote processie.
Santa Cruz, Puerto de la Cruz, Los Realejos en op enkele andere plaatsen.
16 juli

Conmemoración Batalla Nelson
Verjaardag van de nederlaag van de Britse admiraal Nelson in 1797.
Santa Cruz
25 juli

Augustus
Nuestra Señora de las Nieves
Patroonsfeest.
Taganana
3 augustus

Nuestra Señora de la Candelaria
Plechtigheden ter ere van de patrones van de Canarische Eilanden. Tienduizenden gaan op bedevaart naar het beeld van de zwarte madonna, dat in 1390 aan het strand van Candelaria gevonden werd. Gelovigen leggen er bloemenoffers neer.
Ook feestelijke misvieringen.
Candelaria
15 augustus

MERIAN-TIP

Sacramentsdag (Corpus Cristi) in La Orotava Corpus Cristi, zoals Sacramentsdag in Spanje wordt genoemd, vindt hier een week later dan Sacramentsdag volgens de kalender plaats. Volgens een traditie uit 1247 maken de vrouwen en mannen uit de stad op het plein voor het stadhuis een gigantisch tapijt van ongeveer 850 vierkante meter met veelkleurig vulkaanzand en duizenden bloemen en bladeren en met religieuze motieven. Ongeveer een maand lang wordt aan dit bewonderenswaardige kunstwerk gewerkt. 's Avonds vindt een feestelijke processie door de stad plaats.
■ D 3

Romería de San Roque
Kleurrijk patroonsfeest met folklorevoorstellingen en processie.
Garachico
16 augustus

Nuestra Señora del Carmen
Patroonsfeest.
Los Cristianos
30 augustus

September
Santísimo Cristo
Processie en groot vuurwerk.
La Laguna
14 september

Santa Bárbara
Patroonsfeest. De wijn van de beste gebieden uit de omgeving vloeit rijkelijk.
Icod de los Vinos
Op het einde van de maand

Oktober
Nuestra Señora de los Remedios
Historische herdenking van een gelofte en patroonsfeest.
Buenavista del Norte
24 oktober

November
Fiestas del Volcán
Volksfeest ter herinnering van het uitbreken van de Chinyero-vulkaan in 1909.
Guía de Isora
3de zondag van de maand

San Andrés
In bijna alle gemeenten wordt de nieuwe wijn geproefd, hierbij worden geroosterde kastanjes gegeten. Volksfeest, bijzonder uitbundig in Icod de los Vinos, La Guancha, La Orotava en Puerto de la Cruz.
29 november

December
Navidad
Kerstfeest met kerstmetten, vuurwerk, muziekopvoeringen en het plaatsen van kleine en grote kribben (belenes).
Rond 24 december

Het beeld van de plaatselijke heilige van Garachico, Santa Ana, wordt bij de Romería de San Roque door de straten naar de hoofdkerk gedragen. Aansluitend wordt een groot dorpsfeest gevierd.

Prachtige adellijke paleizen,

kloosters en kerken, het historische museum en de levendige studentenbuurt: stof genoeg voor een leuk bezoek aan La Laguna.

La Laguna

E 2

121.700 inwoners
Stadsplattegrond: blz. 41

Officieel heet deze stad, die zich in een hooggelegen dal rond een lagune bevindt, San Cristóbal de la Laguna. Maar iedereen zegt gewoon La Laguna. Dit vruchtbare, hooggelegen dal in het achterland van Santa Cruz werd al in de periode van de Guanchen gecultiveerd. In 1496 veroverden de Spanjaarden het dal en stichtten de stad San Cristóbal de la Laguna, die volgens middeleeuwse criteria schaakbordachtig werd aangelegd. Deze structuur is in de oude stad bewaard gebleven. In 1510 kreeg La Laguna stadsrecht en werd ze de hoofdstad van Tenerife. In 1710 werd de universiteit gesticht, in 1723 werd Santa Cruz de hoofdstad. In 1818 werd La Laguna bisschopszetel.

Tot op heden zijn in de oude stad van La Laguna zoveel adellijke huizen en paleizen uit de 17de en 18de eeuw bewaard gebleven als in geen enkele andere stad op het eiland. Alleen al dit feit maakt een bezoek aan La Laguna de moeite waard. Hierbij komen dan nog de kerken, kloosters, musea, restaurants en wijnlokalen.

En dan is er nog de studentenbuurt. De ongeveer 25.000 studenten van de in een voorstad van La Laguna gelegen, moderne universiteit maken van La Laguna een Canarisch Oxford, een stad vol jonge mensen.

Tijdens het schooljaar bruist het hier van het leven: studenten op de pleinen, in de parken en dan vooral 's avonds in de bars, steegjes en tavernen in de uitgaansbuurt. Dat maakt de stad bont en levendig. Hoezeer, merkt men pas echt wanneer de schoolvakanties begonnen zijn en de studenten de stad ineens verlaten hebben. De bezoeker moet zich eens op een late vrijdag- of zaterdagavond tussen oktober en april in de straten tussen de Calle Barcelona, Calle de la Catedral en de Plaza de San Cristóbal begeven. Daar bevinden zich de duizenden plezier makende nachtbrakers, die de bars en straten met een onbeschrijfelijke drukte vullen.

De klokkentoren van het Instituto de Canarias (Cabrera Pinto) wordt door palmen geflankeerd.

Hotels en ander logies

Aguere a 2
Traditioneel hotel in een historisch gebouw in het centrum. Eén ster, eenvoudige inrichting, geen opvallende extra's.
Obispo Rey Redondo, 57
20 kamers
Lage tot gemiddelde prijsklasse (Visa)

Nivaria c 3
Driesterrenappartementenhotel, ondergebracht in een gerestaureerd herenhuis uit de 18de eeuw. Centraal gelegen, vlak bij de Plaza del Adelantado, maar toch relatief rustig. Stijlvol toegangsdomein, middelmatige inrichting van de kamers. Twee squashbanen, conferentiezaal, cafetaria, bar.
Plaza del Adelantado, 11
75 appartementen en studio's
Gemiddelde prijsklasse (AE, DC, EC, Visa)

Wandeling

Vertrekpunt van onze wandeling is de **Plaza del Adelantado**, in het centrum van de oude stad, waar we allereerst – in de voormiddag – een blik in de markthal werpen. Hier worden fruit, groenten, vis en vlees, bloemen, kaas, wijn en ook huisdieren verkocht. Elke ochtend – ook 's zondags – heerst hier een aangename, levendige marktdrukte.
Nadat we het bonte, turbulente marktgebeuren genoeg gadegeslagen hebben, kuieren we langs de **Calle de Santo Domingo** tot aan het dominicanenconvent Santo Domingo, om de kloosterkerk met haar sacrale kunstwerken te bewonderen. De kerk heeft, zoals ook de andere kerken in La Laguna, geen vaste openingsuren en wordt gewoonlijk alleen geopend voor misvieringen.

Vooral vrouwen bidden in de kathedraal tot het beeld van Dolorosa, de moeder der smarten.

We keren terug naar de Plaza del Adelantado en wandelen door de Calle de Nava y Grimón, waar we na enkele meters links afslaan in de **Calle de San Agustín**. Hier komen we langs verschillende indrukwekkende paleizen met pompeuze voorgevels uit de 17de en 18de eeuw. Bij huisnummer 22 zien we de uit 1593 daterende **Casa Lercaro**. In dit gerestaureerde paleis is nu een interessant museum ondergebracht, dat aan de geschiedenis van Tenerife is gewijd. Hier zijn voorwerpen en documentatie uit de perioden van de Guanchen (oerbevolking) tot aan het begin van de 20ste eeuw te zien. Bijzondere aandacht verdient een landkaart, die de Canarische Eilanden tijdens de 16de eeuw toont. Na het museumbezoek bereiken we via de Calle Juan de Vera, waar we vanuit de Calle San Agustín links zijn ingeslagen, de **kathedraal**. Langs de Calle Obispo Rey

Redondo, een van de drukste winkelstraten van de oude stad, komen we uiteindelijk bij de **Iglesia de Nuestra Señora de la Concepción** met de prachtige klokkentoren, het kenmerk van La Laguna. De ongeveer twee tot drie uur durende wandeling eindigt hier. Wie wil, kan door de straatjes van de historische oude stad naar de Plaza del Adelantado terugwandelen.

Bezienswaardigheden

Catedral ■ b 2

De kathedraal wordt ook Iglesia de Nuestra Señora de los Remedios genoemd. Oorsprong van het kerkgebouw is een kapel uit 1511, die in 1818 werd omgebouwd tot kathedraal. In 1897 werden delen van de kerk wegens bouwvalligheid afgebroken. De huidige, neogotische kerk dateert grotendeels uit 1913. Binnenin bevinden zich talrijke sacrale kunstwerken, waaronder een door José Luján Pérez in 1795 gemaakt tabernakel, het houten beeld van de Virgen de los Remedios uit de vroege 16de eeuw en schilderijen en andere kunstvoorwerpen uit de barokperiode. Tegenover het portaal van de kathedraal bevindt zich het in 1905 opgerichte Ateneo van de stad.
Plaza de la Catedral
Open tijdens de misvieringen

Iglesia de Nuestra Señora de la Concepción ■ a 1

De beschermde en naar het schijnt oudste kerk van Tenerife vindt haar

oorsprong in een kerk op deze plaats uit 1496. Sinds de 16de eeuw werd de kerk meermalen verbouwd en daarom bezit dit gebouw elementen van verschillende stijlperioden. De opvallende, zeven verdiepingen tellende klokkentoren van de kerk is het symbool van La Laguna. Onder de kunstwerken binnen in dit gebedshuis verdienen vooral de doopvont uit Sevilliaans ceramiek, waarin al de Guanchen gedoopt werden, en ook een indrukwekkende afbeelding van apostel Johannes, gemaakt door Cristóbal Ramírez, bijzondere aandacht. Volgens de legende zou dit schilderij in 1648 bloed afgegeven hebben.
Plaza de la Iglesia (vlak bij Plaza de la Concepción)
Open tijdens de misvieringen

Iglesia de Santo Domingo ■ c 3
De kerk met twee schepen behoort tot het in 1525 gestichte dominicanenconvent, en er zijn bezienswaardige sacrale kunstwerken ondergebracht, zoals monstransen, fijn smeed- en zilverwerk en een houten beeld van de Onbevlekte Ontvangenis en een van zilver gemaakt retabel. De meeste kunstwerken dateren uit de 16de, 17de en 18de eeuw. Hier is ook een modern fresco van Mariano de Cossió te zien. Bij het klooster behoren ook een binnenhof en een tuin.
Calle de Santo Domingo
Open tijdens de misvieringen

Musea

Museo de Antropología de Tenerife ■ D 1/D 2
Het museum bevindt zich ongeveer 10 km ten westen van La Laguna in het **Valle de Guerra** en is beslist een bezoek waard. Alleen al het gebouw is bezienswaardig: een tussen wijnbergen, strelitzia's, akkers en terrasvormige velden gelegen, typisch Canarisch herenhuis uit de eerste helft van de 18de eeuw.

TOPTEN 9

De **Casa de Carta**, voormalig landgoed van de gegoede familie Carta, werd door de eilandregering ge-

Enorm aanbod: een bezoek aan de markthal is een genot voor alle zintuigen.

kocht, gerestaureerd en in een museum veranderd. De in 14 zalen tentoongestelde collectie toont het dagelijkse leven van de Tinerfeños van de voorbije eeuwen. Zeer interessant weergegeven is de productie van suiker, melkproducten, aardappelen, groenten en fruit. Ook visvangst en vleesproductie worden getoond.
Daarnaast is de tentoonstelling ook gewijd aan de levensmiddelen en eetgewoonten, keukeninrichtingen en typisch textiel van het eiland. Aan de hand van historische weefgetouwen wordt de productie van linnen en wollen stoffen getoond. Een aparte afdeling is gewijd aan de door de Guanchen overgeleverde productie van gofio, het Canarische krachtvoedsel.
Voor een bezoek aan het museum moet u zeker voldoende tijd nemen, want het geeft u een goed inzicht in de cultuurgeschiedenis van Tenerife.
Calle del Vino, 44 (Carretera Tacoronte-Valle de Guerra, uitrit Guamasa, dan 5 km richting Valle de Guerra)
Ma gesloten

Museo de la Ciencia y del Cosmos zuidwesten ■ c 3
Het hele complex is op verschillende manieren aan het onderzoek van het universum gewijd. Er zijn afzonderlijke wetenschappelijke gebieden voor onderzoek van de zon, de aarde, de kosmos en het menselijke lichaam. Het museum beschikt ook over een planetarium, afbeeldingen van skeletten en een leugendetector.
Het avant-gardistische gebouw werd gebouwd door architect Jordi Garcés Bruses en Enric Sória Badía.
Vía Lactea (vlak bij de autosnelweg, in de universiteitswijk)
Zo en ma gesloten

Museo de la Historia de Tenerife ■ c 2
De indrukwekkende collectie in elf zalen is gewijd aan de sociale, culturele en economische geschiedenis van Tenerife van de periode van de Guanchen tot het begin van de 20ste eeuw.
Interessant zijn de landkaarten van de Canarische Eilanden uit de 16de eeuw. Dit absoluut bezienswaardige museum bestaat sinds december

MERIAN-TIP

Mercado Vlak aan de Plaza del Adelantado gelegen markthal met steeds ruime keuze aan groenten, fruit, vlees, vis, wijn, bloemen, enz. Aangeboden worden ook mojo-sauzen, bremhoning uit het Teide-gebied en geitenkaas met verschillende graden van rijpheid. In een hal ernaast worden ook huisdieren – duiven, kippen, eenden, ganzen, honden, kanaries, enz. – verkocht. De markt is een geliefde ontmoetingsplaats voor de plaatselijke bevolking en dé gebeurtenis elke ochtend in La Laguna; bovendien is het de enige markt op Tenerife die ook op zon- en feestdagen open is.
Plaza del Adelantado, dagelijks 's ochtends ■ c 2

1993 en is ondergebracht in de gerestaureerde vertrekken van Casa Lercaro, dat uit 1593 dateert.
Calle de San Agustín, 22
Zo en ma gesloten

Eten en drinken

Fortuny
Ondergebracht in een rustiek, meer dan 100 jaar oud gebouw. Typisch Canarische gerechten zoals gebraden geit en konijn.
Gezellige sfeer, pittig bereide specialiteiten.
Calle Rodeo Alto s/n
Do en zo ('s avonds) en in augustus gesloten
Gemiddelde prijsklasse (Visa)

La Panadería ■ c 3
Kleine, gezellige tasca in een omgebouwde bakkerij.
Lekkere hapjes, ovenvers brood, geitenkaas, dagschotels, Canarische wijnen (o.a. Guayonge rode wijn), jong publiek.
Calle de Santo Domingo, 24
Reserveren aan te bevelen
Lage prijsklasse (DC, EC, Visa)

El Tonique ■ b 3
Klein, gezellig kelderrestaurant in het centrum, zeer geliefd bij de inlandse bevolking. Bar in het midden van de zaak.
Lekkere hapjes en dagschotels, voordelige prijzen. Spaanse gerechten. Uitgebreid aanbod aan wijnen uit Catalonië, Galicië, Navarra, Rioja, Ribera del Duero en Tenerife. Specialiteit van het huis zijn zelfgemaakte kroketten en pittig ingemaakte paprika's.
Calle Heraclio Sánchez, 23
(Hoek Calle Barcelona)
Zo en in augustus gesloten
Lage tot gemiddelde prijsklasse

Winkelen

Gofio-molen ■ b 2
Gofio-molen, ingericht als vroeger. Gofio 'at it's best'.
Calle San Juan, 21

Monasterio de Santa Catalina de Sena ■ c 2
De dominicanenzusters van dit klooster staan in de hele stad bekend om hun zelfgemaakte zoetigheden. Bijzonder geliefd: de uit suiker en water bereide alfeñiques, op basis van Moorse recepten.
Deán Palahi, 1
Dagelijks open

La Vinoteca ■ a 1
Grote keuze aan Canarische en Spaanse wijnen en schuimwijnen, rum en likeuren. Voor de winkel groeien twee enorme drakenbomen.
Plaza de la Concepción, 24

's Avonds

Bodegón Tocuyo ■ b 1
Gezellige tasca, versierd met vaten en honderden wijnflessen. Kleine hapjes, ham, kaas, worst. Grote keuze aan wijnen. Indrukwekkende verzameling oude en stokoude rode wijnen uit de Ribera del Duero en de Rioja.
Calle Juan de Vera, 16

Buho zuiden ■ b 3
Meest gerenommeerde jazzclub van de stad. Vaak liveoptredens. Het publiek: al gevorderde leeftijd of bejaard. Aangename sfeer.
Calle de la Catedral, 3

La Parranda ■ c 3
Geliefde kelderpub. Meermalen per week livemuziek, meestal Canarische of Zuid-Amerikaanse folklore. Tijdens het weekend overvol.
Plaza de San Cristóbal, 38

Sketch ■ b 3
Place to be voor de plaatselijke studenten tijdens het weekend. Steengoede, opzwepende muziek, jong publiek. Dansen in felgekleurd licht. Ook op de uitgestrekte binnenplaats kan geflirt worden. Onbeschrijfelijke drukte tijdens het weekend.
Calle Barcelona, s/n

Nuttige informatie

Inlichtingen
Ayuntamiento (stadhuis) ■ c 3
Plaza del Adelantado/Calle Consistorio

Busstation zuidwesten ■ a 1
Buiten het centrum, vlak bij de Calle San Antonio, Poligono Padre Anchieta.
Tel. 9 22 25 94 12

Guardia Civil
Tel. 9 22 25 94 16

Rode Kruis
Tel. 9 22 25 96 26

Uitstappen

La Matanza de Acentejo/La Victoria de Acentejo ■ D 2

14.000 inwoners

De naam van dit plaatsje, die zoveel als ‘bloedbad’ betekent, herinnert aan de bloedige slachtpartij van de Guanchen tegen de Spanjaarden in mei 1494. Toen lokten de Guanchen hun Spaanse aanvallers onder leiding van Alonso Fernández de Lugo in een kloof en versloegen ze daar. In december 1495 kwam het in een nabijgelegen oord tot een nieuwe slachtpartij, waar de Spanjaarden zegevierden, wat de definitieve onderwerping van de Guanchen betekende. De Spanjaarden gaven de plaats van hun uiteindelijke zege de naam La Victoria. De beide vlak bij de snelweg gelegen dorpen staan bekend om de landbouw en hun jonge, fruitige rode wijnen.
Ongeveer 15, resp. 18 km ten zuidwesten van La Laguna

Montañas de Anaga ■ E 1/F 1

TOPTEN 4

De bergketen in het noorden van het eiland markeert geologisch het oudste deel van Tenerife (ca. 3 miljoen jaar) en wordt gekenmerkt door een bizar reliëf, vele steile hellingen, spitse rotsen en smalle, diep ingekloofde naar zee lopende valleien. Basalt en lavagesteente domineren. Het klimaat is er duidelijk vochtiger en regenachtiger dan in het zuiden van het eiland. Daardoor vindt men in dit gebied een weelderige begroeiing met dichte varen-, laurier- en heidebossen. De heide (brezo) bereikt hier en

Waar zee en bergen elkaar ontmoeten, is het ongelooflijk prachtig: de wild-romantische steile kust van Tacoronte is een van de landschappelijke hoogtepunten van het eiland.

daar een hoogte van 5 meter. Vroeger werd het hout van de boomheide door de plaatselijke kolenbranders tot kolen verwerkt. Uit het harde hout werden vroeger ook tabakspijpen gesneden. In de laurierbossen van het Mercedes-bos leven twee duivensoorten, die uitsluitend hier voorkomen. Met 1024 m is de **Cruz de Taborno** de hoogste berg in dit gebied. Het Anaga-gebergte is in vergelijking dunbevolkt, de meeste kleine dorpjes liggen aan de noordkust. Een groot dorp (ca. 1000 inwoners) is **Taganana**, vroeger bekend om zijn typische wijn. De enorm vele druivensoorten werden op zeer steile hellingen gekweekt. De huidige wijnproductie is nog slechts van gering belang. Taganana is een woord uit de taal van de Guanchen en betekent 'land van de rotsen'.
Het gekloofde Anaga-gebergte is nu wegens zijn landschappelijke charme en de weelderige natuur in vele opzichten een ideaal ontspannings- en wandelgebied. Ondertussen werden talrijke wandelpaden aangelegd. In de dorpjes vindt men nu ook enkele bars en restaurants. Officieel logies is er slechts weinig – en dan is het comfort er zeer gering. De noordkust heeft verschillende kleine stranden.
Wie een alternatief voor het massatoerisme aan de zuidkust zoekt, graag wandelt en kan genieten van ongerepte natuur met veel stilte en adembenemende uitzichten op rotsen en kusten, komt hier aan zijn trekken.
Busverbindingen voornamelijk vanuit La Laguna, gedeeltelijk ook vanuit Santa Cruz.

Punta del Hidalgo ■ E 1

1800 inwoners

In dit kleine, 16 km van La Laguna gelegen dorpje aan de rotsachtige noordkust wonen vooral vissers en boeren (bananenkwekerij). Daar waar aan de rand van dit dorp de onverharde weg stopt, beginnen wandelpaden, die via het Anaga-gebergte omhooglopen naar Chinamada of Las Carboneras.
Punta del Hidalgo beschikt over een modern sport- en kuurhotel en ook appartementen en restaurants, maar is nog niet door het massatoerisme aangetast. Hier vindt men nog rust en stilte. Het dorp is voornamelijk geliefd bij gezondheidsbewuste vakantiegangers en wandelaars.
Busverbindingen naar La Laguna, Puerto de la Cruz en Santa Cruz.

Eten en drinken

La Caseta
Vlak aan de promenade, een beetje buiten het dorp gelegen restaurant met uitstekend aanbod aan visgerechten, mosselen en zeevruchten. Voortreffelijke langoustines en camarones. Gegarandeerd verse ingrediënten. Eigen bakkerij. Zeezicht en mooi terras. Vele stamgasten, tijdens het weekend overvol.
Gezellige sfeer en schappelijke prijzen. Eigen parking.
Avenida Marítima, 1
Reserveren tijdens het weekend is aan te bevelen, ma gesloten
Gemiddelde prijsklasse (AE, DC, EC, Visa)

Zeewaterbekkens in Bajamar maken zwemmen aan de noordkust mogelijk.

Tacoronte ■ D 2

17.000 inwoners

Centrum van de wijnbouw in het door een wettelijke oorsprongsbepaling (Denominación de Origen) beschermde wijnbouwgebied Tacoronte-Acentejo. Mexicaanse schilderijen, Canarische beeldhouwwerken en verschillende barokkunstwerken versieren de parochiekerk **Santa Catalina**. In de **Alhóndiga**, een landelijke boerderij uit de 17de eeuw, vindt elk jaar een wijnweek voor wijnkenners plaats.
Talrijke restaurants en tavernes.
Verschillende bodega's (wijngaarden) in de omgeving.
Wie geïnteresseerd is in de wijnbouw in deze omgeving en zijn vakkennis wil uitbreiden, kan zich het best wenden tot:
Consejo Regulador D.O. Tacoronte-Acentejo
Carretera General del Norte, 97

Musea

Casa de la Miel
Dit nieuwe museum bevindt zich vlak naast de Casa del Vino en toont de bezoeker de productie van honing op Tenerife.
Autopista del Norte, km 21
(Uitrit El Sauzal 'La Baranda')
Dagelijks open

Casa del Vino 'La Baranda'
In het 2 km verder gelegen aangrenzende dorpje El Sauzal is dit museum op veelvoudige en interessante manier gewijd aan de wijnen van Tenerife.
Bij dit complex, dat in een gerestaureerd herenhuis uit de 17de eeuw is ondergebracht, behoren ook een vinotheek, een restaurant en een bibliotheek. Deze chronologisch opgebouwde tentoonstelling toont de geschiedenis van de wijnbouw op het eiland. TOPTEN 3
In een omgebouwde stal van het voormalige herenhuis kunnen bezoekers bijna alle Tenerife-wijnen proeven en tegen voordelige prijzen kopen.
Soms worden speciale wijnproeverijen en culturele opvoeringen georganiseerd.
Autopista del Norte, km 21
(Uitrit El Sauzal 'La Baranda')
Ma gesloten

MERIAN-TIP

La Cuadra de San Diego Verzorgde, traditionele finca met mooie tuin, oude drakenboom, eigen kapel uit de 17de eeuw, zelfgemaakte wijn en zelfgekweekte producten. Sinds 1994 is in een bijgebouw een klein, rustiek ingericht restaurant ondergebracht. Zelfgemaakte rode wijn, verse geitenkaas, frangollo (een soort polenta), konijnengerechten en heerlijke desserten, bijna allemaal zelfgemaakt. Zeer vriendelijke bediening. Camino Botello s/n, La Matanza de Acentejo, ma gesloten, lage prijsklasse (Visa) ■ D 2

Winkelen

Bodega Álvaro
Reusachtig aanbod aan Canarische wijnen. Originele inrichting met oude wijnflessen, foto's en vaten. Mogelijkheid tot proeven, ook wijnen van het vat. Bovendien kan men hier kleine worst- en kaashapjes eten. Er worden ook diverse likeuren, sherry en Moscatelwijnen zoals malvezijwijn van het eiland Lanzarote verkocht.
Calle Waque, 4

Bodegas Insulares Tenerife
Grote bodega met omvangrijk wijnaanbod. Het bekendste merk is de Viña Norte.
Vereda del Medio, 8 b

Mercado del Agricultor
Kleine, zeer aantrekkelijke boerenmarkt in een 700 m^2 grote markthal buiten het dorp.
De boeren uit de omgeving bieden hun eigen producten te koop aan: groenten, fruit, bloemen, wijn, honing, kaas en ook verschillende zoetwaren.
Carretera General de Tacoronte-Tejina, aan de uitvalsweg naar Tejina
Za en zo

La Puerta Verde
Chique antiekwinkel. Glas, porselein, sieraden, meubels, oude uurwerken, landbouwwerktuigen voor huis en tuin.
Calle El Durazno, 47
Zo en ma gesloten

Vinatería Tacoronte
Uitgebreide keuze aan Canarische en Spaanse wijnen en sterkedrank.
Carretera General, 152

Wijnliefhebbers kunnen in de Casa del Vino in El Sauzal bij Tacoronte ontelbare wijnetiketten bestuderen.

Zon en strand in overvloed, voor leven in de brouwerij is verder ook gezorgd. Wie wil, moet het Mekka van het massatoerisme zeker niet schuwen.

Playa de las Américas

■ B 5/B 6

Wat een carrière! In 1965 ontdekte de toeristische industrie deze schrale, onvruchtbare, bijna onbewoonde, maar zonnige kuststrook in het zuiden van Tenerife. Een gigantische, snelle, omvangrijke bouwboom brak los. Nu bevindt zich hier het meest intensieve en toeristische gebied met ontelbare hotels, restaurants, winkels, bars, video-, shopping- en vrijetijdscentra. Bijna 100.000 bedden – van de ongeveer 140.000 op het hele eiland – zijn ondergebracht in de enorme toeristische bolwerken en appartementencomplexen. De boom maakte van de vroeger allesbehalve kapitaalkrachtige gemeenten Adeje en Arona (tot deze laatste hoort ook het toeristische centrum Los Cristianos) de rijkste van Tenerife.

Wie alleen belang hecht aan het comfort van luxehotels, aan het strand, de zon, shopping- en recreatiemogelijkheden, wie zich aan de verkeerschaos, het gebrek aan parkeerplaatsen, de voortdurende drukte, het animatielawaai en zoveel namaak niet stoort, voelt zich hier kiplekker. De vele duizenden vakantiegangers bewijzen dit elk jaar opnieuw. Wie echter het typische Tenerife, de prachtige landschappen, de historische gebouwen, de plaatsen van het typische dagelijkse leven van de Tinerfeños of de traditionele landbouwculturen wil leren kennen, zal in Playa de las Américas en in het aangrenzende Los Cristianos ontgoocheld worden.

Al enkele kilometers buiten Playa de las Américas vermindert de intensieve bebouwing. Hier vindt men nog dorpen, dalen, kuststroken en bossen zonder die massale drukte. Met een huurauto komt men bijvoorbeeld in relatief korte tijd in het nog niet door het toerisme gedomineerde bergdorpje Vilaflor, dat op een hoogte van circa 1500 meter gelegen is, of in het bij wandelaars geliefde Barranco del Infierno. Een uitstapje waard zijn ook de stranden bij het dorp El Médano. Hierbij groeit dan het troostende besef: Tenerife is veel meer dan alleen Playa de las Américas.

Toeristisch bolwerk nr. 1 op Tenerife: Playa de las Américas

Hotels en ander logies

Gran Hotel Bahía del Duque
In 1993 geopend luxueus hotelcomplex (70.000 m²), gebouwd in een bijzondere mengeling van Canarische, Venetiaanse en Victoriaanse stijlen.
Meerdere zwembaden en restaurants, groot congrescentrum, eigen hotelstrand.
Carretera de la Caleta, km 2
362 kamers
Luxeklasse (AE, DC, EC, Visa)

Jardín Tropical
Viersterrenhotel naast de jachthaven. Origineel, met Moorse elementen geïnspireerd gebouw. Zeer smaakvol en chic ingerichte kamers. Vijf restaurants, zwembaden, zonneterras, zwemterrassen met zeewater aan het strand, biocentrum, aangelegde tuin.
Degelijk comfort op alle gebied. Hotel en restaurant werden meer dan eens om de prima service met prijzen bekroond.
Uitstekende dienstverlening biedt vooral het restaurant **El Patio** onder leiding van topkok Juan Gálvez.
Urbanización San Eugenio
376 kamers
Luxeklasse (AE, DC, EC, Visa)

La Siesta
Ongeveer 200 m van het strand gelegen viersterrenhotel met spreekwoordelijk uitstekende service tegen eerlijke prijzen.
Opvallend rustige en ontspannende sfeer binnen. Zwembad, sportmogelijkheden, conferentiezalen.
Avenida Marítima s/n
Hoge prijsklasse (AE, DC, EC, Visa)

Tenerife Princess
Vlak bij zee gelegen viersterrenhotel.
Zwembad, bar, sportmogelijkheden, degelijk ingerichte kamers, parkeermogelijkheid.
Geliefd bij internationale reisagentschappen.
Avenida Litoral s/n
365 kamers
Hoge prijsklasse (AE, DC, EC, Visa)

Eten en drinken

Casa Vasca
Bij fijnproevers zeer geliefd restaurant onder leiding van Ricardo Ruiloba. Aan zijn vaderland gehecht, presenteert hij een exquise, Baskische keuken.
Lekkere rijstgerechten, gevulde paprika met kleine inktvis (**chipirones**), konijn in rode wijn. Heerlijk appelgebak. Uitgebreide keuze aan Spaanse wijnen.
Avenida Litoral/Avenida Marítimo s/n
Zo gesloten
Hoge prijsklasse (AE, DC, EC, Visa)

El Duque
Toprestaurant in het Gran Hotel Bahía del Duque. Luxueuze inrichting, indirecte verlichting. Plaats voor slechts 50 personen.
Creatieve Canarische keuken, aangevuld met Franse en Baskische recepten.
Carretera de la Caleta
(Gran Hotel Bahía del Duque)
Alleen 's avonds open
Luxeklasse (AE, DE, EC, Visa)

El Granero
Kleine, gezellige tasca met Spaanse en Canarische specialiteiten
Calle El Granero 16 (Tijoco)
Zo gesloten

Pasta a Go Go
Alternatief voor de Canarische of Spaanse keuken. Geen culinaire hoogvliegers, maar toch een topper: zelfgemaakte Italiaanse pasta in on-

geveer honderd variaties. Ook soepen, vis- en vleesgerechten.
Italiaanse wijnen, vriendelijke service.
Jachthaven Puerto Colón
Winkelcentrum
Lage tot gemiddelde prijsklasse

El Patio
Ondergebracht in het chique hotel **Jardín Tropical**. Een van de meest verfijnde restaurants in het zuiden van Tenerife.
Fantasierijke en creatieve keuken op basis van Canarische en Spaanse traditionele recepten. Overheerlijk: de wolfbaars, de geglazuurde peer met amandelen en de wildgerechten (**perdiz asada**). Grote keuze aan wijnen, ook de Ribera del Duero en Rioja. Chique inrichting, mooi terras.
Urbanización San Eugenio
(Hotel Jardín Tropical)
Luxeklasse (AE, DC, EC, Visa)

Winkelen

Kiosco Artenerife
Artenerife is een door de eilandregering uitgebate winkel voor de promotie van het plaatselijke kunsthandwerk. Naast de hoofdwinkel in Orotava (**Casa Torrehermosa**) is er nu ook een filiaal aan het strand van Playa de las Américas. Ceramiek, textiel, messen, manden, enz.
Avenida Litoral (vlak bij Centro Comercial Veronicas)

De Vinos
Uitgebreide keuze aan Canarische wijnen, ook wijnen en sterkedrank uit Spanje en andere Europese landen.
Residencial El Camisón, Local 11

's Avonds

Casino
Roulette, blackjack, speelautomaten. Een das is niet verplicht. De identiteitskaart moet getoond worden.
Avenida Marítima s/n (in hotel Gran Tinerfe)
Dagelijks open

Nuttige informatie

Inlichtingen
Toeristische informatie
Pueblo Torviscas
Tegenover het hotel La Pinta
Tel. 9 22 75 06 33

City Center
Tel. 9 22 79 76 68

Bus
Estación de Guaguas
Het busstation ligt vlak bij de snelweg tegenover hotel **Bonanza.**
Verbindingen naar alle grotere dorpen.
Tel. 9 22 79 54 27 (TITSA-kantoor)

Uitstappen

Arico ■ D 4

Nauwelijks 5000 inwoners

Arico is een dorp op ongeveer 30 km ten noordoosten van Playa de las Américas op de hellingen van de Cañadas gelegen. Stilte en landbouw zijn typisch voor Arico, dat een verzorgd dorpscentrum met groen geschilderde vensters en deuren heeft.
De plaatselijke coöperatie verwerkt de druiven die in de Comarca Abona voor het grootste deel op het lavagesteente groeien, tot wijn. De meest oorspronkelijke, sterk door vulkanische substanties gekenmerkte witte wijn heet 'Flor de Chasna'.
Zeer de moeite waard is ook de door de plaatselijke coöperatie gemaakte geitenkaas. Enkele projecten met betrekking tot het landelijke toerisme staan op stapel en moeten nog verder worden uitgebouwd.

Hotels en ander logies

Agricotur
Deze firma organiseert logies in gerestaureerde herenhuizen of kleine pensions in de buurt.
Carretera General, 11
38580 Villa de Arico

Viña Vieja
Tot hotel omgebouwd herenhuis in de historische kern van het dorp. Mooi zicht op een barranco. De uitbaters van het hotel voelen zich verbonden met het landelijke toerisme en verkopen ook kaas en wijn uit de omgeving.
Momenteel biedt het hotel zijn gasten de keuze uit vijf tweepersoonskamers, drie suites en twee eenpersoonskamers.
Arico el Nuevo

Los Cristianos ■ B 6

28.000 inwoners
(totale gemeente Arona)

Het dorp met zijn hoge hotelgebouwen grenst direct aan Playa de las Américas en is eveneens een gigantisch toeristisch centrum geworden. In tegenstelling tot Playa de las Américas zijn rond de centrale plaza en de haven toch nog enkele straten met traditionele gebouwen bewaard gebleven. Breed, maar meestal drukbevolkt zandstrand. Belangrijk vertrekpunt van overzetboten naar La Gomera, El Hierro en La Palma. Vanuit de haven vertrekken ook schepen voor vistochten op open zee.

Hotel

Arona Gran Hotel
Vlak bij de zee gelegen viersterrenhotel met veel luxe. Zwembad, zonneterras, tuinen, restaurants en bars, fitnesscenter.
Avenida Marítima s/n
391 kamers
Hoge prijsklasse (AE, DC, EC, Visa)

Eten en drinken

El Rincón del Marinero
Gerenommeerd visrestaurant met gegarandeerd versgevangen vis.
Muelle de los Cristianos
Gemiddelde prijsklasse

El Sol
Landelijke, Franse recepten. Specialiteit van het huis is kip à l'Arlesienne. Uitgebreide keuze aan Spaanse wijnen. Degelijke keukenprestaties onder leiding van Jacques Sabarier.
Transversal General Franco s/n
Ma, mei, juni en eerste helft van juli gesloten
Gemiddelde prijsklasse (AE, Visa)

El Médano

C 6

18.500 inwoners
(totale gemeente Granadilla)

Ten oosten van de luchthaven Reina Sofia gelegen kustplaatsje. Wegens de bijna constante wind het belangrijkste surfcentrum van Tenerife. De wind zorgt op de plaatselijke stranden echter ook vaak voor stuifzand, wat het zwemplezier wel eens kan bederven. Ten oosten en ten westen van dit dorp liggen mooie zandstranden; geliefd zijn vooral de Playa de la Tejita en de Playa de la Rajita. Busverbindingen met Santa Cruz en Playa de las Américas. Vlakbij grote bananen- en vooral tomatenplantages. Verschillende goede visrestaurants in het op 6 km ten westen van El Médano gelegen vissersdorp **Los Abrigos**. De twee beste restaurants, vlak bij de haven, zijn **La Langostera** en **Los Abrigos** (prachtig zeezicht).

Hotel

Playa Sur Tenerife
Ongeveer 300 m van het dorpsplein, direct aan het strand gelegen driesterrenhotel. Zwembad met zeewater, surfschool onmiddellijk naast het hotel.
La Plaza 118
70 kamers
Gemiddelde tot hoge prijsklasse (AE, DC, EC, Visa)

Vilaflor

1500 inwoners

C 5

TOPTEN 8

Dit fraaie, door pijnboombossen omgeven bergdorp ligt ongeveer 20 km ten noordoosten van Playa de las Américas aan de voet van de Cañadas en is met een ligging op circa 1500 m hoogte het hoogstgelegen dorp van Spanje dat bijna

In de haven van Los Cristianos vertrekken overzetboten naar Gomera en El Hierro.

het hele jaar door bewoond is. Vanaf de zuidkust bereikt men Vilaflor langs slingerwegen via Arona of Granadilla. Er is een wereld van verschil tussen de toeristische centra aan de kust en Vilaflor. Ondanks het hoge aantal toeristen heeft Vilaflor de charme van een bergdorp bewaard. Ongestoorde stilte, zuivere lucht, een fris, in de winter natuurlijk vaak koel en winderig klimaat, hierbij degelijk gerestaureerde huizen en een bijna schilderachtige ligging met adembenemende uitzichten bepalen het beeld van Vilaflor. In de omgeving worden op vulkanische grond wijndruiven en vooral aardappelen geteeld. Fraaie wandelpaden lopen naar de berggebieden van de Cañadas, naar de **Montaña de Chasna** en naar de bizarre tufsteenformatie **Paisaje Lunar**. Vilaflor biedt uitstekende mogelijkheden voor wandelaars en natuurliefhebbers. In het dorp zijn er eenvoudige, in Canarische gerechten gespecialiseerde restaurants (Los Molinos, El Mirador, Chasna, Manolo). Vilaflor wordt overschaduwd door de berg **El Sombrerito**, waar lekker mineraalwater opborrelt.
Filigraanborduurwerk, rosetas genoemd, is een van de handwerkspecialiteiten. In de omgeving groeien enkele bijzonder oude en grote pijnbomen, vele zelfs tot 40 m hoog. Vanuit het dorp loopt de C-821 omhoog naar de **Boca del Tauce** en dan verder naar het nationaal park van de Teide. De weg werd tijdens de Franco-dictatuur in de periode tussen 1941 en 1943 door politieke en andere strafgevangenen (overwegend Catalanen, Basken en Canariërs) aangelegd. De meest republikeins gezinde gevangenen van het 91ste strafbataljon (ca. 500 mannen) waren in Vilaflor gestationeerd. Het onherbergzame klimaat, de vernederingen en het harde werk leidden ertoe dat vele strafgevangenen omkwamen. Enkele overlevenden werden na aanleg van de weg naar Noord-Afrika of Madrid gedeporteerd.
Vilaflor is nu een van de fraaiste dorpjes om te bezoeken in het zuiden van Tenerife. Busverbindingen naar Playa de las Américas, Granadilla en Santa Cruz.
Overnachtingsmogelijkheden in eenvoudige pensionnetjes. In het kunstcentrum, Carretera de la Escalona (dag. open), wordt typisch Canarisch kunsthandwerk getoond.

Logies/Eten en drinken

Casa Chicho/El Sombrerito
Pension (met verwarming) en restaurant op hoog niveau. Het eerste adres in het dorp. Rustieke inrichting met voorwerpen uit het dagelijkse boerenleven. Traditionele Canarische gerechten: puchero, soepen, konijn- en geitengerechten, zelfgemaakte maïspudding met honing, geitenkaas, Canarische wijnen.
Santa Catalina, 15
Vrijdag gesloten
Gemiddelde prijsklasse

Germán
Eenvoudig ingericht pension, bar en restaurant. Eenvoudige Canarische burgerkost tegen voordelige prijzen. Centraal gelegen tegenover de bushalte. Buitengewoon vriendelijke bediening.
Calle Santo Domingo, 1
Lage prijsklasse

El Médano, wat 'zandbank' betekent, is een rustig vakantieoord met een breed strand – en een kleine handicap: sterke wind en stuifzand houden het massatoerisme weg.

Het milde klimaat van dit kustplaatsje trok al aan het einde van de 19de eeuw mensen aan die ontspanning zochten. Net zoals vroeger wordt het dagelijkse leven door het toerisme bepaald.

Puerto de la Cruz ■ C 2

40.000 inwoners
Stadsplattegrond: blz. 63

Aan het einde van de 19de eeuw begon hier de toeristische carrière van Tenerife. Vooral de Britten, die in de 18de en 19de eeuw malvezijwijn vanuit Puerto de la Cruz naar Groot-Brittannië verscheepten, ontdekten het het hele jaar door milde, rustgevende klimaat van de Orotava-vallei. En zo werd Puerto de la Orotava, zoals de vroegere naam van Puerto de la Cruz luidde, steeds meer een kuur- en ontspanningscentrum. In 1892 werd het eerste hotel, het Gran Hotel Taoro, geopend, andere hotels volgden. Tegelijkertijd werden in de omgeving van de stad bananenplantages aangelegd. In de jaren '50 en '60 veranderde Puerto de la Cruz in een echt centrum van het massatoerisme. Niet weinig van de oude huizen in het centrum werden afgebroken. Een grootse bouwgolf begon, appartementencomplexen en flatgebouwen met vakantiewoningen en hotelkamers werden opgetrokken. Het afstemmen op de behoeften van het massatoerisme bepaalt ook nu nog het gezicht van deze kuststad. Ongeveer 150 hotel- en appartementencomplexen met niet minder dan 30.000 bedden, ontelbare ontspanningsmogelijkheden, bars, boetieks en supermarkten maken deel uit van de inventaris van Puerto de la Cruz. En voor de zwembehoeften van de gasten heeft men sinds 1977 het Lago de Martiánez aangelegd, een kunstmatig waterlandschap, dat jaarlijks door meer dan een miljoen toeristen wordt gebruikt. Vlakbij werd de Playa de Martiánez met miljoeneninvesteringen uitgebreid.
Uit vroegere periodes is door de druk van de toeristische belangstelling niet veel bewaard gebleven: de wondermooie botanische tuin, enkele kerken en parken, enkele huizen en paleizen in de oude stad. Het milde, zonnige klimaat is wel gebleven, evenals het grandioze uitzicht op de Teide en de groene bergbossen boven de Orotava-vallei. Met de auto komt men er via slingerwegen in korte tijd; ook dit is een voordeel van Puerto de la Cruz.

Van klein vissersdorp tot internationaal toeristisch centrum: de architectonische en sociologische ontwikkeling van Puerto de la Cruz wordt bepaald door het massatoerisme.

PEPSI
DORADA

Hotels en ander logies

Botánico ■ f 3
Onlangs volledig gemoderniseerd, luxueus hotelcomplex, te midden van een park vlak bij de botanische tuin. Vroeger logeerden hier staatshoofden, edellieden en miljonairs. Zwembaden, sauna, massage, tennis, restaurant met afdeling niet-rokers, kapper en schoonheidssalon. Vijf sterren. Behoort tot 'The Leading Hotels of the World'.
Calle Richard J. Yeoward s/n
282 kamers
Luxeklasse (AE, DC, EC, Visa)

Marquesa ■ c 2
Gerenommeerd traditioneel hotel, in de voetgangerszone in het centrum van de stad. Het gebouw dateert uit 1712. Naar het schijnt zou Alexander von Humboldt hier te gast geweest zijn.
Mooie binnenplaats, zwembad, restaurant, voldoende comfort. Drie sterren.
Calle de Quintana, 11
88 kamers
Gemiddelde prijsklasse (AE, EC, Visa)

Monopol ■ c 2
In de voetgangerszone gelegen traditioneel hotel, sinds 1928 onder Duitse leiding. Het gebouw dateert uit 1742. Zeer mooie, overdekte patio met palmen en subtropische planten. Canarische houten balkons. Zwembad op het dakterras. Sportmogelijkheden. Geliefd bij groepen en agentschappen.
Calle de Quintana, 15
92 kamers
Gemiddelde prijsklasse (AE, DC, EC, Visa)

Wandeling

We starten onze wandeling aan het **Castillo de San Felipe** in het westen van de stad en wandelen van daar via de **Paseo de Luis Lavaggi** noordoostwaarts parallel naar de kust. De weg loopt voorbij het kerkhof San Carlos (rechts) en het voetbalstadion (links) en komt uiteindelijk aan de Calle de San Felipe, waarlangs we de steeds drukke **Plaza del Charco** in het centrum van de binnenstad bereiken. Ten oosten van dit plein, dat door winkels, restaurants en cafés wordt geflankeerd,

MERIAN-TIP

Tigaiga Viersterrenhotel, boven de stad in het rustige Taoro-park. Voorbeeldige service, hoog kwaliteitsniveau op alle gebied. Sinds de jaren '60 onder Zwitserse leiding. Rondleidingen door de subtropische tuin van het hotel. Zwembad, Lucha-Canaria- en folkloreopvoeringen, fijnproeversrestaurant en afdeling voor niet-rokers. Door het hotelpersoneel georganiseerde en geleide wandelingen. Internationale onderscheidingen voor uitstekend hotelcomfort. Parque del Taoro, 28; 77 kamers, hoge prijsklasse (AE, DC, EC, Visa). ■ c 3

Puerto de la Cruz
Wandeling met looprichting
TopTen
Bezienswaardigheid, openbaar gebouw
Hotel
Eten en drinken
Museum
Markt
Panorama
Busstation
Voetgangerszone
Atlantische Oceaan
Proyecto Parque Marítimo Municipal
Puerto Pesquero
Playa de San Telmo
Piscinas
Lago de Martiánez
Playa de Martiánez
Avenida de Colón
Estadio del Peñón
Piscina Olímpica
Castillo de S. Felipe
Cementerio de San Carlos
Casa Antigua
Museo Arqueológico
Mi Vaca y Yo
Marisquería Mario
Marquesa
Monopol
Ayuntamiento
Mirador de San Telmo
Ermita de San Telmo
Iglesia de Nuestra Señora de la Peña de Francia
Estación de Guaguas
Casino del Taoro
Taoro
Tigaiga
Parque del Taoro
El Tope
La Paz
Semiramis
Teide Mar
Magnolia
Supermercado 2000
Botánico
Jardín Botánico
Calzada de Martiánez
Camino de Martiánez
Camino de San Amaro
Camino del Robado
Carretera del Botánico
Carretera del Taoro
Barranco de Martiánez
Calle Los Robles
Calle Aceviño
C. Tabaiba
C. L. Cologan Zulueta
C. Richard J. Yeoward
(Av. Marqués Villanueva del Prado)
Calle Bélgica
La Chiripa
Bananera El Guanche, La Laguna, Aeropuerto Los Rodeos, La Orotava
C. Las Cabezas
C. Blanco
Ravelo
Av. de Melchor Luz
Hermanos Fernández Perdigón
C. M. Rosario Sotomayor
Avenida de Blas Pérez González
Barranco de San Felipe
Loro Parque
Paseo de Luis Lavaggi
Av. de José del Campo Llarena
C. Manuel B. Cervia
C. Los Guirres
Calle del Pozo
C. de Cupido
C. Doctor Ingram
C. Mazaroco
C. Puerto Viejo
C. Zamora
Calle de San Felipe
C. Pérez
C. de Nieves
C. del Lomo
C. de Mequínez
C. Agustín de Bethencourt
C. San Juan
C. Luis de la Cruz
C. Iriarte
C. de Valois
C. de Zamora
Avenida del Generalísimo
C. Obispo P. Cáceres
C. de la Hoya
C. de San Telmo
Calle Venezuela
C. Aguilar y Quesada
Pl. del Charco
355 m
380 m
0
N
a b c d e f
1 2 3

begint de voetgangerspromenade **Calle de Quintana**.
Wanneer we deze straat oostwaarts volgen, komen we bij de traditionele hotels Marquesa en Monopol.
Voordat we hotel Monopol met de bezienswaardige binnenplaats bereiken, hebben we echter nog de gelegenheid om aan onze rechterkant een blik op de **Plaza de la Iglesia** te werpen, waar zich het toeristisch informatiekantoor en de kerk **Nuestra Señora de la Peña de Francia** bevinden. Bij deze kerk kruist de Calle de Quintana de strandpromenade en het uitzichtspunt **Mirador de San Telmo**. Dit biedt een vergezicht op de baai en het drukbezochte zwem- en recreatiecomplex **Lago de Martiánez**, dat we ten slotte via de Calle de San Telmo bereiken. De Avenida de Colón loopt verder naar het Martiánez-strand. Hier verlaten we de kust en wandelen via de Calle Aguilar y Quesada en de Calzada de Martiánez omhoog naar de bovenstad. De Carretera del Botánico brengt ons ten slotte naar de **Jardín Botánico** (botanische tuin) met de ongeveer 3000 tropische planten en bomen.
Na deze ongeveer vier uur durende wandeling zorgt deze heerlijke tuin voor rust en bezinning te midden van de plantenpracht.

Bezienswaardigheden

Bananera El Guanche
zuidoosten ■ f 3
Plantage voor het kweken van bananen. Bovendien zijn in dit bezoekerspark meer dan honderd andere subtropische en tropische planten te zien.
Regelmatig worden in dit park videoshows georganiseerd.
Boven Puerto de la Cruz langs de landweg naar La Orotava

Cementerio de San Carlos ■ a 2/a 3
Traditioneel kerkhof in het stadscentrum, door een muur omheind. Een oase van rust. Weelderige bloemenpracht, mooie palmen en flamboyantbomen.
Paseo de Luis Lavaggi

Iglesia de Nuestra Señora de la Peña de Francia ■ c 2
De bouw van de kerk in het stadscentrum gaat terug tot het jaar 1684. De neoklassieke toren dateert uit 1898. Binnenin: houten Artesonado-plafond, schilderijen, goud- en zilversmeedwerk, rijkversierde barokaltaren en een door de Canarische beeldhouwer José Luján Pérez in de 18de eeuw gemaakte Madonna der Smarten.
Plaza de la Iglesia

Vanuit het centrum van de stad is het slechts enkele minuten naar de Puerto Pesquero, de oude vissershaven – nu nog een van de charmantste plekjes van de vakantiemetropool.

Jardín Botánico ■ f 3
De botanische tuin bestaat sinds het einde van de 18de eeuw en werd toen op verzoek van Carlos III aangelegd om tropische planten uit Latijns-Amerika eerst aan het Canarische en later aan het Centraal-Spaanse klimaat te laten wennen, waar ze in de parken en tuinen van het koninklijke hof zouden moeten groeien. Maar wat bleek: vele bomen en planten pas-

TOPTEN 7

ten zich aan het Canarische, maar niet aan het Centraal-Spaanse klimaat aan. Zo werd dit in 1788 begonnen verplantingsproject een fiasco.
Daarna schonk men geen aandacht en zorg meer aan de botanische tuin – eigenlijk **Jardín de Aclimatización de La Orotava.**
Vanaf 1860 ontfermde de Zwitserse tuinier Hermann Wildpret zich over de tuin en gaf hem zijn verzorgde waarde terug.
Nu groeien hier ongeveer 3000 exotische planten, van de merkwaardige leverworstboom tot de wurgvijg, die zich op een gastheer vastzet en zich met het sap van deze boom voedt. Vele bomen dateren uit de beginperiode van de botanische tuin en zijn nu dus ongeveer 200 jaar oud.
Momenteel wordt de 25.000 m² grote tuin vergroot.
Carretera del Botánico
Dagelijks open

Lago de Martiánez ■ d 1/e 1
In 1977 door de ondertussen gestorven Canarische toparchitect César Manrique aangelegd, meer dan 30.000 m² groot waterlandschap vlak bij de haven van Puerto de la Cruz. Groot zeewaterbekken, fonteinen, lava-eilandjes, rustzones, beelden, palmen, sierplanten, plantsoenen, restaurant, enz.
Avenida de Colón s/n

Loro Parque zuidwesten ■ a 3
Reusachtig, even buiten het stadscentrum gelegen recreatiepark met een zeer omvangrijk vrijetijdsaanbod vooral voor gezinnen met kinderen. Tot de attracties behoren, behalve de grootste en meest volledige collectie papegaaien ter wereld, ook een Thais dorp, een Gambiaanse markt, een orchideeënhuis, een vleermuisvulkaangrot en een unieke bioscoop.
Te midden van een subtropische plantenwereld met watervallen en duizenden palmen leven gorilla's, tijgers, dolfijnen (dagelijks dolfijnenshow) en zeeleeuwen. Bij het aquarium horen een tropische rivier, koraalriffen en een glazen on-

TOPTEN 10

Alle kleuren van de natuur: het prachtige park van de Jardín Botánico met de enorme tropische en subtropische plantenwereld moet men absoluut gezien hebben.

derwatertunnel met meer dan 20 haaien. Het recreatiepark, dat voortdurend met nieuwe attracties wordt uitgebreid, biedt genoeg mogelijkheden voor een volledige vakantiedag.
Er is parkeermogelijkheid.
Een eigen pinguïnarium met ongeveer 300 koningspinguïns is gepland.
Carretera Punta Brava
Dagelijks open

Museum

Museo Arqueológico ■ b 2
Ondergebracht in een historisch gebouw uit de 19de eeuw. Hier zijn archeologische vondsten te zien, waaronder ceramiek en gemummificeerde lichamen uit de Guanchenperiode, evenals een collectie wapens en insecten.
Calle del Lomo, 9A
Ma gesloten

Eten en drinken

Casa Antigua ■ a 2
Klein, eenvoudig, gezellig restaurant voor het beperkte budget.
Tegenover het voetbalstadion gelegen.
Goede, eenvoudige keuken, geitenvlees, visgerechten. Goedkope dagschotel.
Calle de San Felipe, 95
Lage prijsklasse

Casino del Taoro ■ c 3
Casino-restaurant in het Taoro-park. Fraai uitzicht op de tuinen en de Orotava-vallei. De betere internationale keuken, professionele service, verfijnde sfeer.
Parque del Taoro
Hoge prijsklasse (AE, DC, EC, Visa)

Magnolia ■ f 3
Vlak bij de botanische tuin gelegen.
Smaakvolle, chique inrichting.
Verfijnde keuken, gespecialiseerd in traditionele Catalaanse recepten.
Vis- en vleesgerechten. Origineel: de **butifarra** met bonen. Lekker: de **zarzuela**. Huisbereide desserten.
Canarische en Spaanse wijnen.
Terras, parking. Is een van de chicste restaurants in de omgeving.
Avenida Marqués Villanueva del Prado
Hoge prijsklasse (AE, DC, EC, Visa)

Marisquería Mario ■ b 2
Door kenners om de lekkere zeekeuken naar waarde geschat.
Gegarandeerd versgevangen vis.
Vlak bij de vissershaven gelegen.
Rincón del Puerto (Plaza del Charco)
Gemiddelde prijsklasse (AE, EC, Visa)

Mi Vaca y Yo ■ b 2
Gezellige inrichting in een Canarisch herenhuis van historische oorsprong. Het restaurant met de originele naam ('Mijn koe en ik') serveert verzorgde zeegerechten, ook vleesgerechten. Exquis: de langoustines-caldereta en de gepocheerde tarbot.
Degelijk culinair niveau.
Calle Cruz Verde, 3
Gemiddelde tot hoge prijsklasse (AE, DC, EC, Visa)

Mensen, dieren, sensatie: de dolfijnenshow in het Loro Parque is slechts een van de vele attracties die een dag in het spectaculairste recreatiepark van Tenerife onvergetelijk maken.

Winkelen

La Calera
Ceramiek, ook originele voorwerpen van plaatselijke kunstenaars zijn hier te koop.
La Asomada s/n

Filatelía ■ c 2
Postzegels, munten en een uitgebreide verzameling oude ansichtkaarten met foto's van de Canarische Eilanden.
Calle Luis de la Cruz, 4

Toste Ossorio ■ c 2
Wijnen en sterkedrank. De ontdekking: verrassend uitgebreid assortiment oude whisky-, sherry-, brandy- en cognacmerken tegen betaalbare prijzen.
Calle de Quintana, 22

's Avonds

Casino del Taoro ■ c 3
Casino in het Taoro-park.
Amerikaanse en Franse roulette, blackjack, boule en diverse speelautomaten.
Een das is niet verplicht. Toegang vanaf 18 jaar.
Identiteitskaart of reispas meebrengen.
Het hele jaar door open
Parque del Taoro
Dagelijks open

Joy ■ d 2
Kleinere discotheek, jeugdig stampubliek tijdens het weekend. Trendy muziek.
Avenida del Generalísimo s/n

Victoria ■ e 1
Bekende megadiscotheek in de stad, moderne inrichting, actuele discotheekmuziek, chic publiek.
Avenida de Colón

Nuttige informatie

Inlichtingen
Toeristisch informatiekantoor ■ c 1
Plaza de Europa
Tel. 9 22 38 60 00

Vervoer
Busstation ■ b 2/b 3
Verbindingen naar alle grotere dorpen en naar de luchthavens in het zuiden en het noorden. Bus nr. 348 rijdt naar het Parador-hotel in het nationaal park van de Teide.
Calle del Pozo
Tel. 9 22 38 18 07

Uitstappen

Garachico ■ B 3

5700 inwoners

Ongeveer 25 km van Puerto de la Cruz gelegen kustdorpje met goed onderhouden oude stad en enkele bezienswaardige historische gebouwen. Het dorp, een van de fraaiste van het hele eiland, zorgt voor rust en stilte en spoort aan tot leuke wandelingen door de steegjes in de oude stad. In de 17de eeuw werd van hieruit malvezijwijn naar Groot-Brittannië verscheept. Een vulkaanuitbarsting verwoestte in 1706 grote delen van de tot dan toe belangrijkste haven, de oude stad en de malvezijculturen. Daarna verzonk Garachico voor lange tijd in economische onbelangrijkheid.
Overgebleven van vroeger zijn onder andere het **Castillo de San Miguel** (16de eeuw), de kerk **Santa Ana** (18de eeuw), de voormalige kloosters **San Francisco** en **Santo Domingo** evenals talrijke huizen in de oude stad met mooie balkons, versierde deuren en vensters.

Musea

Casa de la Cultura
Ondergebracht in het voormalige klooster San Francisco met zijn prachtige binnenplaats en wondermooie houten balkons.
Hier zijn zeer interessante foto's, gravures en afbeeldingen uit de geschiedenis van de Garachico's te zien.
Plaza del Ayuntamiento
Dagelijks open

Castillo de San Miguel
Natuurkundige verzameling met mineralen, slakken, fossielen, kristallen en gesteenten.
Dagelijks open

Museo de Arte Contemporáneo
Hedendaagse kunst van Spaanse kunstenaars.
Plaza de Santo Domingo
Dagelijks open

Eten en drinken

Isla Baja
Klein restaurant in een historisch gebouw in de oude stad (mooie patio).
Canarische en internationale gerechten, vis-, mossel- en avocadospecialiteiten.
Calle Estéban de Ponte, 3
Gemiddelde prijsklasse (EC, Visa)

Winkelen

Centro de Artesanía
Kunsthandwerk en andere typisch Canarische voorwerpen. Omvangrijk aanbod. Houten en lederen voorwerpen, sieraden, kant, enz.
Calle Estéban de Ponte, 5
Ma gesloten

MERIAN-TIP

Restaurant Las Aguas Dit gezellige restaurant ligt halfweg tussen Icod de los Vinos en Puerto de la Cruz in het vissersdorpje San Juan de la Rambla. Dit familiebedrijf beschikt slechts over tien tafels. Wanneer de vensters open zijn, hoort men het ruisen van de Atlantische Oceaan. Huisspecialiteit zijn de rijstgerechten, gebaseerd op recepten uit de omgeving van Murcia en Valencia. Canarische en Rioja-wijnen. San Juan de la Rambla, Calle La Destila, 18; dagelijks open, reserveren vereist, gemiddelde prijsklasse (EC, Visa)

■ C 3

Icod de los Vinos ■ B 3

ca. 20.000 inwoners
(totale district)

Het dorp ligt ongeveer 20 km ten westen van Puerto de la Cruz en vormt het centrum van het wijnbouwgebied Ycoden-Daute-Isora, dat vooral om zijn witte wijnen bekend is. Dit wijngebied in het uiterste noordwesten van het eiland omvat ongeveer 2000 ha.
Belangrijkste bouwwerk van de in 1501 gestichte stad is de kerk **San Marcos** met een renaissanceportaal en binnenin een 2 m hoog filigraankruis van Mexicaans zilver. In de oude stad zijn nog enkele statige paleizen en herenhuizen overeind gebleven. Kenmerk van de stad is de zogenaamd duizend jaar oude drakenboom (**drago milenario**). Hij weegt ongeveer 140 ton, de boomkruin heeft een diameter van 20 m, de omvang van de stam bedraagt 6 m, de hoogte van de boom is 17 m. De leeftijd van de boom wordt door experts echter op 'slechts' 400 of hoogstens 500 jaar geschat. Hiermee is hij echter nog steeds de oudste drakenboom op het eiland.

Eten en drinken

Carmen
Gezellig, vaak vol restaurant in een centraal gelegen, historisch gebouw.
Vis- en vleesgerechten, gedeeltelijk ook typisch Canarische gerechten. Bovendien vindt u hier een grote keuze aan lokale wijnen.
Calle Hércules, 2
Gemiddelde prijsklasse (EC, Visa)

Winkelen

Arte Ycodem
Souvenirs en wijnen.
Calle San Sebastián, 4

La Bodeguita del Drago
Canarische delicatessen (kaas, likeuren, zoetwaren) en een aanzienlijke keuze aan Canarische wijnen tegen schappelijke prijzen.
Plaza de la Pila

Observatorio Meteorológico de Izaña ■ D 3

Het astrofysisch observatorium (Instituto de Astrofísica) ligt boven de Orotava-vallei langs de C-824 op ongeveer 2400 m hoogte (vlak bij El Portillo). De sterrenwacht die door meerdere internationale onderzoeksinstituten wordt gebruikt, bestaat sinds de jaren '70 en is een van de belangrijkste van Europa. De zuivere lucht maakt hier ongestoorde astrofysische waarnemingen mogelijk. Bezichtiging alleen na aanmelding.

La Orotava ■ D 3

35.000 inwoners (totaal district)
Stadsplattegrond: blz. 73

Op de heuvel boven Puerto de la Cruz gelegen dorp met een beschermde oude dorpskern. Hier staan talrijke paleizen, kloostergebouwen en herenhuizen uit een historische periode (vooral uit de 17de

De leuke dorpskerk van Icod de los Vinos werd bijna 400 jaar geleden in renaissancestijl gebouwd. Het bezienswaardige houten plafond binnenin dateert eveneens uit de 16de eeuw.

eeuw), waaronder de Casa de los Balcones, de Casa del Turista, de Casa Torrehermosa, het Hospital de la Santísima Trinidad of het Convento de Santo Domingo. Bezienswaardig zijn ook de kerken Nuestra Señora de la Concepción (18de eeuw) en San Juan Bautista (18de eeuw), evenals de botanische tuin (za en zo gesloten). La Orotava, een geliefde bestemming voor daguitstapjes, is bovendien een centrum voor kunsthandwerk. Verschillende winkels, meestal in de prachtige historische gebouwen ondergebracht, verkopen typisch Canarische handgemaakte producten. Ook de plaatselijke musea zijn de moeite waard, vooral het unieke museum voor Latijns-Amerikaans handwerk. Beroemd is hier Sacramentsdag (een week na Sacramentsdag volgens de kalender). Op het plein voor het stadhuis maakt men een reusachtig tapijt van bloemen en bontgekleurd zand.

Hotel

Victoria ■ b 3
Hoogstaand driesterrenhotel in een adellijk Canarisch huis uit de 16de eeuw. Mooie patio, vriendelijke bediening, centraal gelegen.
Calle Hermano Apolinar 8
14 kamers
Gemiddelde tot hoge prijsklasse
(AE, DC, EC, Visa)

Musea

Museo de Artesanía Iberoamericana ■ b 1
Grote verzameling Latijns-Amerikaans handwerk, ondergebracht in de vertrekken van het voormalige klooster Santo Domingo. Sieraden, textiel, maskers, meubels, vlechtwerk, poppen, cultusvoorwerpen en ceramiek, ook van de Canarische Eilanden en uit andere Spaanse gebieden.
Helaas is de informatie ontoereikend. Op de begane grond: klein verkooppunt voor Latijns-Amerikaans handwerk.
Calle Tomás Zerolo, 34
Zo gesloten

MERIAN-TIP

Casa Mereja Bij de inlandse bevolking geliefd restaurant wegens de perfect bereide, typisch Canarische gerechten. Gezinsvriendelijk, eenvoudige, gezellige inrichting. Knusse binnenplaats met een reusachtige, zevenarmige avocadoboom. Kleine, dagelijks wisselende menukaart met typisch Canarische delicatessen: **potaje de berros, arbejas, gallo, ropa vieja**, enz. Zelfgemaakte wijn. Redelijke prijzen. Veel tevreden stamgasten. La Orotava, Calle León, 23, wo en zo avond gesloten, lage prijsklasse ■ b 3/c 3

Museo del Pueblo Guanche
■ a 2/b 2
Vondsten uit de periode van de Guanchen en achtergrondinformatie bij de levens- en werkwijze van de Guanchen. Er zijn eveneens een tasca-bar en een souvenirwinkel.
Carrera del Escultor Estévez, 17
Dagelijks open

Eten en drinken

Las Gaseosas
Bar-restaurant in de vertrekken van een voormalige sodafabriek in de oude stad. Mooie patio, stimulerende muziek (jazz, bossanova, Los Sabandeños), Canarische specialiteiten en wijnen. Gezellige sfeer met swingende muziek.
Carrera del Escultor Estévez, 21
Zo gesloten
Lage prijsklasse

Taoro ■ b 2
Restaurant en bakkerij sinds 1916. In verband met de oorspronkelijke stichters in de wijde omtrek bekend als Casa Egon. Zeer mooi terras, gezellige sfeer. Stevige burgerkost, uitstekende bakkerijproducten (gebak, chocolade, ijs), vele plaatselijke stamgasten.
Calle León, 5
Ma gesloten
Lage prijsklasse

Winkelen

Casa de los Balcones ■ a 3
Uitgebreid aanbod aan Canarisch handwerk, veel mooi textiel uit Tenerife; daarnaast ook goedkope massaproductie uit Azië. De winkel is ondergebracht in een typisch Canarisch, prachtig gebouw uit de 17de eeuw.
Calle de San Francisco, 3

Casa Torrehermosa ■ b 1
Merian-tip blz. 25

Casa del Turista ■ a 3
Grote keuze aan Canarisch handwerk. Textiel, klederdracht, ceramiek, ook producten uit Zuid-Amerika. Mengeling van authentiek handwerk en goedkopere massaproductie.
Calle de San Francisco, 2

Parque Nacional del Teide ■ B 4/C 3

TOPTEN 1

Het ongeveer 20.000 ha grote nationaal park bestaat sinds 1954 en vormt momenteel met zijn jaarlijks meer dan 2 miljoen bezoekers de belangrijkste bestemming voor uitstapjes op Tenerife. Een goed uitgebouwde weg loopt door het nationaal park, de meeste bezoekers komen met de auto of met bussen. Het op 2000 m hoogte gelegen, bizarre vulkaanlandschap met de lavavelden, scherpe steenformaties, rots-, zand- en keienheuvels is in elk opzicht een grandioze bezienswaardigheid, zeker in het licht van een zonsopgang of -ondergang. Dominerende berg is de 3718 m hoge **Pico del Teide**, kenmerk van Tenerife en hoogste berg van Spanje. Zijn ouderdom wordt op 500.000 jaar geschat. Door de hoge ligging en het unieke klimaat leven in het gebied van het nationaal park

'Bovenaards' uitzicht in de Cañadas: zonsondergang boven de wolken

en de omliggende biotopen vele dier- en plantensoorten die men alleen hier vindt. Tot de inheemse planten behoren bijvoorbeeld de Teide-brem, het Teide-gras evenals de verschillende viooltjes-, adderkop-, veen- en korstmossoorten. De fauna omvat diverse hagedissen, wilde konijnen, moeflons, wilde katten, raven, torenvalken, wouwen, sperwers, rotsduiven en Teide-vinken met prachtige kleuren. Over de ontstaansgeschiedenis van dit indrukwekkende vulkaanlandschap, de flora en fauna informeren de **informatie- en toeristencentra** El Portillo en Cañada Blanca (naast het Parador-hotel.
Bezoekers kunnen met een kabelbaan (**teleférico**) naar het platform **La Rambleta** – op 3555 m hoogte – onder de top van de Teide. De bestijging van de top is intussen beperkt tot maximaal 50 personen tegelijkertijd om de gevoelige natuur in dit gebied te beschermen. Vanaf het platform La Rambleta kan men genieten van een spectaculair uitzicht over het vulkaanlandschap, grote delen van Tenerife, over de zee en de naburige eilanden. Vlak bij het platform bevindt zich de berghut **Refugio de Altavista** (alleen van mei tot oktober open, geen bediening, overnachtingsmogelijkheid), een moeilijk wandelpad loopt omhoog, de beklimming duurt meerdere uren. Tijdens de winter ligt op de Teide en de andere bergruggen meestal sneeuw. Om naar het platform of de berghut te gaan, is warme kleding beslist vereist.

Hotel

Parador Nacional de las Cañadas ■ C 4
Parador-hotel, fraai gelegen onderaan de Teide (vlak bij de kabelbaan) op 2200 m hoogte. Bar, restaurant, zwembad, rustige ligging.
Architectuur in de stijl van een chic berghotel. Busverbindingen naar Puerto de la Cruz. Het hotel werd in 1996 volledig gerestaureerd en uitgebreid. Typisch Canarische gerechten en wijnen in het aangesloten restaurant.
Las Cañadas del Teide, 38300 La Orotava
26 kamers
Gemiddelde prijsklasse (AE, DC, EC, Visa)

De hoofdstad van het eiland is niet bepaald een van de belangrijkste toeristische bestemmingen. Juist deze bedrijvige normaliteit maakt de hoofdstad van Tenerife beslist de moeite waard.

Santa Cruz de Tenerife

■ E 2

Ca. 200.000 inwoners
Stadsplattegrond: achterflap

Santa Cruz, de gebruikelijke korte vorm van de naam, heeft een opvallende eigen charme, die men niet helemaal kan vatten wanneer men slechts enkele uurtjes hier komt winkelen om zich dan weer snel naar de vakantiemetropolen aan de noord- of zuidkust te begeven. Nee, met Puerto de la Cruz of Playa de las Américas heeft Santa Cruz niets gemeen. De hoofdstad van de provincie en het eiland, havenstad, industrie-, regerings- en handelsmetropool bezit een gezelligheid en vitaliteit die niet aan de eisen van het massatoerisme onderworpen zijn, maar wel hun eigen ritme volgen.

Jazeker, de stad heeft te lijden onder de enorme verkeersproblemen. Wie erin terechtkomt, zal Santa Cruz wel even vervloeken. Maar rustig aan: wanneer men de auto eenmaal geparkeerd heeft en men zich als voetganger in de drukte van de binnenstad begeeft, zal de woede vlug bekoelen. Waarom?

De fraaie straten, een mooie, levendige voetgangerszone en de bloeiende haven beloven een verblijf in Santa Cruz dat de moeite waard is.

Allereerst: in de straten, promenaden en steegjes die naar beneden lopen naar de Plaza de España, bevinden zich talrijke kleine handelaars met een interessant aanbod. Rondom de Plaza de la Candelaria hebben vele vanuit Indië geïmmigreerde Hindoes hun winkel gevestigd, waar goedkope sterkedrank, sieraden, tabak, parfums, consumentenelektronica, uurwerken en textiel, meestal in Azië geproduceerd, verkocht worden. Op werkdagen heerst hier bijna altijd een drukte van jewelste. Maar nog aangenamer om te winkelen is de centrale markt **Nuestra Señora de África**. Op twee verdiepingen worden in dit ook architectonisch bezienswaardige marktgebouw fruit, vis en vlees, groenten, kaas en huisdieren, fournituren, specerijen en bloemen verkocht. En dit – tijdens de week in de ochtend – in een opgewekte, levendige drukte. Op deze volkse markt lukt het in minder dan geen tijd om gehecht te raken aan het levendige Santa Cruz.

TOPTEN 5

En wie de nieuwe vriendschap hechter wil maken, moet zich naar de overkant begeven naar het **Parque Municipal García Sanabria**, een echt prachtexemplaar van een park met vele tropische en subtropische bomen, beeldhouwwerken en wandelpaden. Op zomeravonden hunkeren de inwoners van de hoofdstad naar ontspanning en gezelligheid in familie- of vriendenkring of naar de nabijgelegen **Rambla**, een lange en brede straat – weliswaar met veel verkeer – met ontelbare terrasjes, grote bomen en originele beeldhouwwerken op de middenstrook. Het levendige Santa Cruz is zonder twijfel de meest vitale en swingende stad van het eiland. Beroemd is het carnaval van Santa Cruz in februari en maart. Dan staat de stad op haar kop. Nergens anders wordt carnaval zo uitbundig gevierd als in Santa Cruz.

Voor de Guanchen, de oerbevolking van Tenerife, werd in Santa Cruz een standbeeld geplaatst.

Hotels en ander logies

Contemporáneo ■ J 1
Gelegen aan de drukke Rambla tegenover het Mencey-hotel en vlak bij het Parque Municipal García Sanabria. Modern ingericht utiliteitsgebouw. Solarium en hydromassage. Drie sterren.
Rambla del General Franco, 116
126 kamers
Gemiddelde tot hoge prijsklasse (AE, DC, EC, Visa)

Mencey ■ J 1
Luxueus en chic hotel, voor vele kenners het meest stijlvolle, traditionele hotel van het eiland. Een geanimeerde sfeer voor de vermogende elite. Aan de Rambla, ietwat buiten het centrum gelegen. Alleen al het uiterst degelijke, bijna legerachtig aandoende gebouw (voormalige residentie van de militaire gouverneur generaal García Escámez) toont op authentieke wijze de zeer voorname Canarische architectuur. Stijlbewuste, zeer voorname luxe binnenin. Antieke meubels, veel marmer, chique decoraties. Verfijnd restaurant, bar, boetiek, tennisterrein. Grote binnenplaats met veel groen (een oase van rust) met zwembad.
Doctor José Naveiras, 38
290 kamers (incl. suites)
Luxeklasse (AE, DC, EC, Visa)

TopTen 6

Taburiente ■ J 1
Direct aan het Parque Municipal García Sanabria gelegen. Vriendelijke service. Groepen, zakenlieden, weinig buitenlandse toeristen. Inrichting van de kamers: sober, niet echt smaakvol, gedeeltelijk aan renovatie toe. Topper van dit hotel: whirl- en swimmingpool op het dak van het flatgebouw met grandioos uitzicht op Santa Cruz.
Doctor José Naveiras, 24
182 bedden
Gemiddelde tot hoge prijsklasse (AE, DC, EC, Visa)

Exclusiever kan het niet: in het eerbiedwaardige hotel Mencey worden ook officiële gasten van de regering ondergebracht.

Wandeling

We beginnen in het centrum van het centrum, op de levendige **Plaza de España** en de aangrenzende **Plaza de la Candelaria**, en kuieren zo verder langs de Calle del Castillo, die lichtjes omhoogloopt naar de **Plaza de Weyler**. Deze belangrijkste winkelstraat van de stad is bijna 1000 m lang. Hier bevindt zich de ene winkel naast de andere, modehuizen, boetieks, delicatessezaken, souvenirwinkels, boekhandels, bakkerijen en cafés. In de late middag en de vroege avond flaneren hier veel mensen. Het is ook de moeite om eens een blik te werpen in de zijstraatjes, waar zich eveneens veel winkels bevinden.
Ten oosten van de Plaza de Weyler slaan we de niet bijzonder bezienswaardige Calle Méndez Núñez in en bereiken na 500 m de rand van het fraaie stadspark **García Sanabria**. Na het winkelen is het zalig om de drukte te ontvluchten en in dit uitgestrekte park met de schaduwrijke bomen, rustbanken, fonteinen en beelden een beetje uit te rusten. De subtropische en tropische begroeiing in dit park is werkelijk de moeite waard. Hiervoor moet men echt even de tijd nemen.
Aan het bovenste einde van het park komen we op de **Rambla**, waar zich op de middenstrook, die door dikke, oeroude bomen wordt geflankeerd, vele terrasjes bevinden. Wandelen we nog rustig verder naar de **Plaza de la Paz**? Zeker. Tavernes, waar men zich aan een verfrissing te goed kan doen en de ongeveer drie uur durende wandeling waardig kan afsluiten, zijn hier in overvloed.

Bezienswaardigheden

Iglesia de Nuestra Señora de la Concepción ■ J 5
Dit kerkgebouw liet de Castiliaanse conquistador Alonso Fernández de Lugo aan het einde van de 15de eeuw bouwen. Na een brand werd het gebouw in 1653 opnieuw opge-

Ook in de handelsmetropool Santa Cruz heerst – tenminste bij de plaatselijke bevolking – een sfeer van rust. Een rustpauze is steeds welkom.

bouwd. Sindsdien is deze kerk met vijf schepen het meest opvallende gebedshuis van de hoofdstad. Binnenin zijn verschillende barokkunstwerken te zien, evenals het houten kruis van de veroveraar de Lugo (van dit kruis is de naam van de stad Santa Cruz afgeleid) en enkele vlaggen en vaandels die werden veroverd in de strijd tegen de Britse admiraal lord Nelson in 1797.
Avenida de Bravo Murillo/Plaza de la Iglesia (vlak bij de Plaza de España)

Iglesia de San Francisco ■ K 3/K 4
De kerk met drie schepen aan de Plaza de San Francisco toont de typische barokstijl van de 17de eeuw. Bezienswaardig binnenin zijn de retabels uit de 17de en 18de eeuw, een schilderij van de Heilige Jozef aan het Sint-Jozefaltaar en een barok ecce-homobeeld (Señor de las Tribulaciones), dat door een anonieme kunstenaar uit Sevilla is gemaakt en elk jaar op dinsdag in de Goede Week in het kader van een processie door de stad wordt gedragen.
Plaza de San Francisco/Calle de Villalba Hervás

Mercado de Nuestra Señora de África ■ I 5
De bonte, steeds drukke weekmarkt vindt plaats op twee verdiepingen in een architectonisch origineel gebouw. De bewoners noemen de markt en het gebouw gewoonlijk **La Recova**. La Recova werd in 1943 ingewijd en door José Enrique Marrero Regalado ontworpen. De bouwstijl

TOP TIEN 5

combineert neo-Canarische koloniale architectuur met Moors-Andalusische elementen. Boven het gebouw met drie binnenplaatsen steekt een hoge klokkentoren uit. Genoeg over de architectuur, nu iets meer over de markt zelf. Wat zal het zijn? Cactusvijgen of bonen uit La Orotava, geitenkaas, honing, diverse mojo-sauzen, saffraan of een van bast gevlochten zonnehoed? Of liever wijn, gedroogde vijgen uit La Gomera, snijbloemen, prachtvinken, verse kruiden, avocado's of amandelen? Het uiterst veelzijdige assortiment van de markt is geconcentreerd op levensmiddelen en huishoudelijke artikelen. Handwerkproducten, verzamelaarsobjecten of zelfs antiquiteiten worden hier niet aangeboden; die vindt men echter wel op de zondagsmarkt.
Calle de San Sebastián (vlak bij Plaza Santa Cruz de la Sierra)
Niet op zondag

Plaza de España/Plaza de la Candelaria ■ K 4
De Plaza de España vormt het centrum van het centrum. Vlak bij het steeds levendige en drukke plein bevinden zich het informatiekantoor van de toeristische dienst, de post, diverse departementen van de eilandregering, evenals bars, cafés, restaurants en winkels. Het plein werd in zijn huidige vorm in 1950 ingewijd. Het monument in het midden, gemaakt door architect Tomás Machado, herinnert aan de gesneuvelden in de Spaanse burgeroorlog. Tijdens het beroemde carnaval in Santa Cruz wordt de Plaza de España een reusachtig schouwtoneel voor carnavaleske opvoeringen en de plaats waar duizenden ge-

Een marmeren standbeeld ter ere van de eilandpatrones bevindt zich op de naar haar genoemde Plaza de la Candelaria. De beelden aan de voet van de madonna herinneren aan de verovering van Tenerife in 1496.

BANCO DE SANTANDER

maskerde Tinerfeños en bezoekers samenkomen.
De aangrenzende **Plaza de la Candelaria**, die de overgang naar de voetgangerszone (**Calle del Castillo**) vormt, draagt de naam van de beschermheilige van de Canarische archipel. Ter ere van haar werd een standbeeld in het midden van het plein geplaatst. Dit autovrije plein is een geliefd trefpunt voor de plaatselijke bevolking of dagjestoeristen, beschikt over enkele terrasjes, waar ook de jeugd uit de stad graag samenkomt om van de zomeravonden te genieten.

Musea

Museo del Hombre y de la Naturaleza ■ J 5

Het grote museum met een omvangrijke verzameling over de natuur- en cultuurgeschiedenis van Tenerife is in het gebouw van het voormalige burgerlijke hospitaal ondergebracht.
Talrijke archeologische vondsten, mummies, schedels en werktuigen uit de periode van de Guanchen-oerbewoners. Informatie over de bevolking van Tenerife en de economische en sociale geschiedenis van de Guanchen. Een aparte afdeling is gewijd aan de regionale natuurgeschiedenis.
Calle Fuente Morales/Avenida de Bravo Murillo
Ma gesloten

Museo Militar Regional de Canarias ■ L 1

Het museum is gewijd aan de militaire geschiedenis van de Canarische Eilanden. Kanonnen, vaandels, kaarten, schilderijen, uniformen, scheepsmodellen, wapens en vlaggen uit de periode tussen de 15de en 20ste eeuw.
Bijzonder indrukwekkend gedocumenteerd is hier ook de succesrijke verdediging van Santa Cruz tegen de Britse agressor onder leiding van lord Nelson in 1797.
Calle de San Isidro, 1
Ma gesloten

Museo Municipal de Bellas Artes ■ K 3

Schilderkunst van Canarische kunstenaars uit de 17de tot 19de eeuw. Ook enkele werken van hedendaag-

MERIAN-TIP

Parque Municipal García Sanabria Het nu meer dan 67.000 m² grote stadspark dateert uit 1922 en werd naar de toenmalige burgemeester Santiago García Sanabria genoemd. In het verzorgde park, ook geliefd bij gezinnen met kinderen, ziet u fonteinen, een uurwerk van bloemen en beelden van allegorische figuren. Het bekijken waard zijn de grote, oude bomen, waaronder reusachtige araucaria's, tamarinden, palmen, jacaranda-, Indische laurier-, flamboyant-, pandanus- en hibiscusbomen. Tussen de Rambla del General Franco en de Calle Méndez Núñez ■ J 1/J 2

se schilders.
Calle de José Murphy, 12 (vlak bij Plaza del Príncipe de Asturias)

Eten en drinken

Amós noorden ■ G 1
Ondergebracht in een historisch gebouw met fraai uitzicht over de stad. Chique inrichting. Creatief verfijnde Canarische keuken op hoog niveau. Fantasierijke desserten.
Calle Poeta Tomás Morales, 2
Zo en in augustus gesloten
Hoge prijsklasse (AE, EC, Visa)

Café del Príncipe ■ J 3
Centraal gelegen, gezellige, door Jugendstil geïnspireerde inrichting. Creatieve Canarische keuken, traditionele konijn- en visgerechten, huisbereide desserten.
Plaza del Príncipe de Asturias
Ma gesloten
Gemiddelde prijsklasse (Visa)

El Coto de Antonio ■ G 1/G 2
Het restaurant bestaat sinds 1981 en heeft zich sindsdien tot een van de meest gerenommeerde restaurants in het noorden van Tenerife ontwikkeld. De beste basisproducten gedeeltelijk uit eigen teelt, verfijnde Canarische, traditionele recepten. Overheerlijke salades, vis- en geitenvleesgerechten.
Uitstekend: langoustines met zwarte aardappelen (**papas negras**), de avocadosalade met glasaaltjes en zalm.
Calle General Goded, 13
Zo (avond) en drie weken in augustus gesloten
Hoge prijsklasse (AE, DC, EC, Visa)

Los Troncos ■ G 1
Populair restaurant, al meer dan 20 jaar een klassieker in Santa Cruz. Degelijk bereide, typisch Canarische gerechten, ook Castiliaanse en Baskische specialiteiten. Redelijke prijzen.
Vriendelijke bediening.
Calle General Goded, 17
Wo, zo (avond) en van midden

Een groene oase te midden van de stedelijke drukte: het mooie park García Sanabria is aanbevolen om even 'diep te kunnen ademhalen'.

augustus tot midden september gesloten
Gemiddelde prijsklasse (AE, EC, Visa)

Winkelen

La Casa de los Calados ■ J 3
Kleine, van oudsher gevestigde speciaalzaak voor traditioneel vervaardigd textiel in Canarische stijl. Handgeborduurde tafellakens, schouder- en hoofddoeken, folklorebloezen en -vesten. Mooie waaiers.
Vriendelijk advies.
Calle del Castillo, 61

Charcutería-Bar Jabugo ■ G 2/H 2
Spaanse en Canarische delicatessen. Wijnen, sterkedrank, Jabugoham uit de provincie Huelva, geitenkaas. Lekkere hapjes aan de bar. Vaak bezocht door plaatselijke fijnproevers.
Rambla de Pulido, 43

La Garriga ■ J 3
Kleine, bij de plaatselijke bewoners geliefde winkel voor uitgelezen delicatessen, ham, kaas, worst, talrijke Canarische wijnen, brandy- en whiskysoorten.
Calle de Pérez Galdós, 19

M. Art-Mercado de Artesanía Española ■ K 4
Handwerk, toegepaste kunst en andere producten van de Canarische Eilanden en het Spaanse vasteland. Textiel, waaiers, poppen, sieraden, ceramiek, enz. Uitgebreid aanbod, maar weinig werkelijk originele artikelen. Maar de keuze aan producten is aanzienlijk.
Plaza de la Candelaria, 8

Mercado de Nuestra Señora de África ■ I 5
→ blz. 80

Rastro ■ I 5/I 6
De drukbezochte en heel bijzondere zondagse vlooienmarkt vindt plaats in de straten naast de **Mercado de Nuestra Señora de África**, vooral in de Calle José Manuel Guimerá. Handelaars en privé-personen bieden hier rommel, gebruikte voorwerpen, antiek en curiositeiten aan: boeken, munten, militaria uit de Franco-periode, stripverhalen, sigaren, historische ansichtkaarten, postzegels, sieraden en oud huisraad. Snuffelen en onderhandelen worden hier een plezier. Hier vindt men net zo goed de allerbeste Cubaanse rum als historische foto's van Tenerife, Mexicaanse pistoolholsters of sombrero's, visgerei, houten beelden uit Afrika of salsacassettes uit de Caraïben. Allerlei curiositeiten en gebruikte voorwerpen.
Calle José Manuel Guimerá en aangrenzende straten
Zo van 's ochtends tot 's namiddags

La Salmantina ■ H 2
Grote keuze aan Spaanse wijnen. Hoogwaardig assortiment en vakkundige service.
Calle 18 de Julio 27

Tabaquería Central ■ J 4
Bekende tabakswinkel in de stad, ingericht in de stijl van vervlogen tijden. Cubaanse, andere Caraïbische en Canarische sigaren (van het eiland La Palma).
Calle de Imeldo Serís, 23

's Avonds

Bingo C.B. Canarias ■ K 4/K 5
Grote bingohal met cafetaria, restaurant en bar.
Calle Imeldo Serís, 9

El Convento
Nieuwere, bij de plaatselijke jeugd

zeer geliefde disco. Originele inrichting, aangename sfeer, moderne muziek.
Avenida 3 de Mayo

Indigo westen ■ G 3
Bekende grote disco in de stad, actuele muziek uit de hitparade, meestal jeugdig publiek.
Avenida de Madrid, Parque Municipal de la Granja

Manhattan ■ L 1/L 3
Pub met groot, drukbezocht terras, waar tijdens de zomernachten de nachtbrakers van de stad verzamelen.
Avenida de Anaga

Tasca Tosca ■ L 1/L 3
Pub met verfijnd aanbod sterkedrank en muziek.
Avenida de Anaga

Nuttige informatie

Inlichtingen ■ K 4/K 5
Oficina de Turismo
Plaza de España (Cabildo Insular)
Tel. 9 22 23 95 92, 9 22 23 98 97 en 9 22 23 98 11, fax 9 22 23 98 12

Busstation ■ H 6/I 6
Estación de Guaguas
Avenida 3 de Mayo
Info-telefoon dag en nacht 9 22 53 13 00, evenals 9 22 21 81 22 en 9 22 21 56 99

Pech- en takeldienst
Tel. 9 22 21 19 07

Postkantoor (Correos) ■ K 4
Plaza de España
Tel. 9 22 24 25 50

Rode Kruis
Tel. 9 22 28 18 00

Bontgekleurde tegels versieren de fontein aan de Plaza 25 de Julio.

Zo blauw als de hemel en de zee: bij een wandeling door de steegjes van het schilderachtige dorpje Arafo stuit men op vele leuke details.

Uitstappen

Arafo ■ D 3

4600 inwoners

Ongeveer 30 km ten zuidwesten van Santa Cruz te midden van een landbouwgebied gelegen. Rondom terrasvormig aangelegde velden met wijn, tomaten, maïs, fruitbomen. Dit dorpje, met zijn bloemenpracht, heeft wegens de verzorgde uitstraling al verschillende onderscheidingen gewonnen. Opmerkelijk houtsnijwerk van Pablo Serrano in de parochiekerk.
Arafo staat bij de Tinerfeños bekend als muziekdorp. Geen enkel ander dorp op Tenerife heeft meer muziekgroepen, orkesten en koren. In de omgeving wordt heerlijke geitenkaas gemaakt.

Candelaria ■ E 3

12.400 inwoners

Ongeveer 20 km ten zuiden van Santa Cruz gelegen kustdorp en bedevaartsplaats. Hier wordt de beschermheilige van het dorp en van alle Canarische Eilanden Nuestra Señora de la Candelaria vereerd. In de gelijknamige basiliek is een kopie van de madonnafiguur te zien, die volgens de legende in 1390 door herders daar aan het strand werd gevonden en ook al door de Guanchen werd aanbeden. In het teken van de verering van de beschermheilige vindt in Candelaria elk jaar op 2 februari en – met veel pracht en praal – op 15 augustus een christelijk volksfeest plaats. Ongeveer 3 km ten noorden bevindt zich het toeristische centrum Las Caletillas met strand, sportterreinen, hotels en restaurants.

Eten en drinken

Sobre el Archete
Gezellig, origineel ingericht restaurant, gedeeltelijk in een rotsspelonk ondergebracht. Traditionele Canarische recepten. Vis, groenten en konijn. Huisbereide desserts, uitgebreid aanbod aan regionale wijnen, geitenkaas.
Calle Lomo de Aroba, 2
Zo en in de Goede Week gesloten
Gemiddelde prijsklasse (AE, Visa)

Belangrijkste bedevaartsplaats van Tenerife: in de basiliek van Candelaria wordt de beschermheilige van de Canariërs vereerd.

Güímar ■ D 3

14.000 inwoners (totale district)

Belangrijk traditioneel landbouwcentrum, ongeveer 35 km ten zuidwesten van de hoofdstad. Hier worden groenten, aardappelen, fruit en wijn geteeld. In de omgeving werden talrijke nederzettingen en offerplaatsen van de Guanchen ontdekt, zoals de zogenaamde piramide van Chacona.

Musea

Museo Etnográfico
Voorwerpen uit het dagelijkse boerenleven in de omgeving. Klein, maar interessant streekmuseum.
Plaza de San José (in het culturele centrum)
Za en zo gesloten

Pirámides de Güímar
De interessante cultusoorden uit de periode van de Guanchen werden in een 'etnografisch park' geïntegreerd, dat in samenwerking met de prominente onderzoeker Thor Heyerdahl ontstond. Hier zijn vondsten uit de Guanchenperiode te zien, evenals documentatie over de antropologische achtergrond van de piramiden.
Calle Chacona en Avenida Venezuela 114
Dagelijks open

San Andrés ■ F 2

Ca. 8 km ten noordoosten van Santa Cruz gelegen kustdorpje met het tijdens de zomer drukbezochte zandstrand **Playa de las Teresitas**. Het 2 km lange strand werd kunstmatig (met zand uit de Sahara) aangelegd. Op werkdagen is het er duidelijk rustiger. Talrijke, meestal in visgerechten gespecialiseerde restaurants. Merkwaardig: het kleine, met een muur omringde kerkhof, dat door de recreatie- en stranddrukte, door parkeerterreinen, strand en reclameborden en tavernes wordt verdrongen.

Vanuit de auto direct in het water: de lange baai van Las Teresitas is goed bereikbaar voor het verkeer.

MERIAN-TIP

Igueste de San Andrés Vanuit Santa Cruz 15 km ten noordoosten gelegen kustdorp (700 inwoners) aan de voet van het Anaga-gebergte. Hier eindigt de weg. Overal stilte, kleine boerentuintjes, verzorgde huizen, een parochiekerk, een bar, bananen-, mango- en avocadoplantages. Vele van de oorspronkelijke bewoners zijn naar Cuba moeten emigreren, enkele zijn later teruggekeerd. Vlak bij het strand Playa de Antequera, dat alleen te voet bereikbaar is, een oase van stilte aan zee. Het strand, waar geen strandvoorzieningen zijn, wordt ook vaak door naturisten bezocht. Aanlokkelijke wandelmogelijkheden. ■ F 1

Van La Laguna naar het nationaal park van de Teide

Bossen met Canarische pijnbomen en bizarre vulkaanlandschappen langs de weg. Uniek is het zicht op de Teide.

Deze tocht loopt door het fraaie vulkaanlandschap rond de 3718 m hoge Pico del Teide, de hoogste berg van Spanje. De weg door het nationaal park van de Teide ligt op meer dan 2000 m hoogte; het kan hier dus winderig, koud en nevelig zijn.

De hoogste berg van Spanje

Ook wanneer aan de kust de zon schijnt, neemt u voor deze tocht beslist warme kleding, degelijk schoeisel, een sjaal en indien mogelijk ook een verrekijker mee. Dit is vooral ook raadzaam wanneer u, waarmee deze tocht uitgebreid kan worden, vanaf een hoogte van 2356 m met de kabelbaan naar boven wilt gaan naar het platform **La Rambleta**, dat zich op 3555 m hoogte bevindt en meestal adembenemende uitzichten over Tenerife en de nabijgelegen eilanden biedt. Boven kan het behoorlijk koud en winderig zijn. Nog een raad: u begint deze tocht het best in de vroege ochtend, want de kabelbaan is meestal slechts tot 16 uur (laatste vertrek) in werking. Later dan om 14.30 uur kunt u daar beter niet arriveren.

Bij een grote toeloop van bezoekers bij de toegang naar de kabelbaan kan het zijn dat u lang moet wachten.

Onze tocht begint in de universiteitsstad **La Laguna**, waar in het zuiden van de stad de C-824 afsplitst in de richting van La Esperanza. We volgen de C-824 en bereiken na enkele kilometers het door de landbouw gekenmerkte plaatsje **La Esperanza**, dat vooral tijdens het weekend een geliefde plek voor uitstapjes is bij de stedelingen uit Santa Cruz en La Laguna. Talrijke hotelletjes – zoals onder andere het geliefde Bodegón

De hotelletjes voor toeristen zijn allemaal goedkoop en eenvoudig.

Campestre – bevinden zich langs de kant van de weg.
Op zondagen ruikt het hier naar gegrild vlees, en de zelfgemaakte wijn vloeit rijkelijk. Families komen hier samen om in gezellige kring het leven van alledag even te vergeten.

Door pijnboombossen naar vulkanische hoogte

Achter La Esperanza slingert de C-824 omhoog tot meer dan 1000 m hoogte. Enkele eucalyptusbomen, maar vooral Canarische pijnbomen (*Pinus canariensis*) vormen het bos aan de linker- en rechterkant van de weg. Deze typische boom voor Tenerife groeit op een hoogte tussen 1000 en 2000 m, wordt meestal 20 tot 30 m hoog, heeft niet veel water nodig (de luchtvochtigheid condenseert langs de lange naalden van de boom), is door de dikke schors en het hoge harsgehalte verbazingwekkend brandbestendig en regenereert na een brand relatief snel.

De Canarische pijnboom kan in sommige gevallen tot 60 m hoog worden.

Dit wordt duidelijk in het **Bosque de la Esperanza** rechts en links van de C-824, waar tijdens de zomer van 1995 een grote brand uitbrak, die meer dan 1500 ha pijnboombos verwoestte.
We rijden verder door het dichtbegroeide pijnboombos, langs de **Bar Las Lagunetas** (mogelijkheid om paard te rijden) naar de **Mirador Ortuño**, die ons voor de eerste keer een onvervalst zicht op de top van de Teide bezorgt. We rijden verder door het pijnboombos. De weg splitst linksaf richting Arafo. Verder rechtdoor volgen rechts de

Uitgestrekte lavavelden, gestold magma, obsidiaanvlakten en rotsformaties uit basalt – het vulkanische karakter van het Teide-gebied is niet te overzien.

Vanaf 2000 m domineren Teidebrem en andere inheemse planten en struiken.

Mirador les Cumbres, dan de berg **La Crucita** (1980 m), die – een zeldzaamheid – zowel uitzicht op de noordelijke als op de zuidelijke kust biedt. De weg loopt omhoog en vanaf nu – al op meer dan 2000 m hoogte – verandert de begroeiing drastisch. Op deze hoogte groeien geen pijnbomen meer. Het vulkanische karakter van dit berggebied wordt nu duidelijk.
De vulkanische bodem heeft verschillende kleuren, links duikt het opvallende observatorium op, de wind waait over de berg. We bereiken het kruispunt aan de **Portillo de las Cañadas**, waar de C-824 de C-821 kruist, die we nu verder volgen.

Informatie- en bezoekerscentrum

Vlak bij het kruispunt, langs de C-821, bevindt zich het **informatie- en bezoekerscentrum van het nationaal park van de Teide**, dat net zoals het nabijgelegen bezoekerscentrum Cañada Blanca beslist een bezoek waard is. Verder via de C-821, waar nu het gebied van het 20.000 ha grote, in 1954 opgerichte nationaal park van de Teide begint. De tocht langs de C-821 gaat nu door een uitgestrekt, bizar vulkaanlandschap dat adembenemend mooi is. Lava, as, afgekoelde sintelvlaktes, door erosie uitgesleten rotsblokken, glanzend zwart obsidiaan liggen aan beide zijden van de weg.
Hier is het beslist raadzaam om langzaam te rijden, voor de panorama's te stoppen en dit door vulkanische oerkrachten gecreëerde landschap rustig te observeren. Na enkele kilometers heeft

De C-821 is enorm goed aangelegd.

Dichtbegroeide pijnboombossen bij La Esperanza

men aan de rechterkant een doodlopende straat, die naar de kabelbaan loopt, waarmee men op een hoogte van 3555 m naar het platform **La Rambleta** gaat.

Wie het panoramisch terras La Rambleta op een heldere dag bezoekt, mag zich gelukkig prijzen.

De tocht die van hieruit mogelijk is naar de top van de Teide is op dit ogenblik beperkt tot 50 personen tegelijkertijd om de gevoelige natuur in dit gebied te beschermen. Maar ook vanaf het platform La Rambleta kan men op een heldere dag genieten van een uniek uitzicht over Tenerife en de naburige eilanden.

Wanneer men de C-821 verder volgt door het nationale park, bereikt men na enkele kilometers het Parador-hotel, het aangrenzende bezoekerscentrum Cañada Blanca en ook het vlakbij gelegen en drukbezochte panorama **Mirador Los Roques**. Hier heeft men richting zuidwesten een prachtig uitzicht op een uitgestrekte, door vulkanische krachten gecreëerde vlakte, die tot de **Boca del Tauce** (grens van het nationaal park) loopt. Onze tocht eindigt hier. De terugtocht naar La Laguna loopt langs dezelfde weg terug of men neemt vanaf de **Portillo de las Cañadas** (informatiecentrum) de C-821 via La Orotava en de autosnelweg richting La Laguna.

Inlichtingen: Informatiecentrum nationaal park van de Teide, El Portillo (langs de C-821), za en zo gesloten. Hier worden ook begeleide groepsexcursies aangeboden (tel. 9 22 29 01 29).
Duur: een halve dag of een dag
Kaart: voorflap

Indrukwekkend schouwspel van kleuren en vormen: Los Roques

Van Buenavista naar Arguayo

Op deze tocht maakt u kennis met een steile, dunbevolkte bergketen in het uiterste noordwesten van het eiland.

De naam Teno komt van de Guanchen.

De echte attractie van deze tocht is het Teno-gebergte (**Macizo de Teno**), een markant cultuurlandschap in het uiterste westen van Tenerife. Het gebied vlak bij de kust wordt Teno Bajo, het hoger gelegen gebied wordt Teno Alto genoemd. Tijdens de periode van de Guanchen en ook in de loop van de volgende eeuwen was vooral Teno Alto een gebied met een bloeiende landbouw en veeteelt.
Wijn en graan werden geteeld, geiten en schapen gefokt. Nu is deze nog slechts dunbevolkte regio – afgezien van het nationaal park van de Teide – de minst ontwikkelde van Tenerife. Graan wordt hier bijna niet meer verbouwd.

Bananenplantages bij Buenavista

Het hele Teno-gebergte met zijn markante, naar de zee lopende kloven werd een natuurpark.

Onze tocht begint in het dorp **Buenavista**, waar de bevolking grotendeels van de bananenkweek leeft. Vele arbeiders zijn zogenaamde medianeros. Zij krijgen voor hun arbeid op de bananenplantages de helft ('el medio') van de oogst, de andere helft gaat naar de eigenaar van de plantage. Aan de zuidelijke rand van Buenavista loopt richting westen de weg naar Punta de Teno. De weg wordt door bananenplantages omgeven, loopt omhoog naar het panorama **Mirador de Don Pompeyo**.
Van hieruit kijkt men ver over de bananenplantages aan de noordkust en richting zuiden op de eerder woeste kust in het gebied Teno Bajo vlak bij de vuurtoren. De weg loopt verder omhoog, door een tunnel en dan naar beneden naar de met stenen bedekte kustvlakte, waar men enkele

kassen heeft geplaatst. Vlakbij loopt links een bewegwijzerde wandelweg naar het gehucht **Teno Alto**. Vroeger werd deze kustvlakte vlak bij de vuurtoren door Spaanse militairen als terrein voor schietoefeningen gebruikt. Maar dat is ondertussen al lang verleden tijd.
De weg eindigt aan de Punta de Teno vlak bij de vuurtoren. Meestal waait op deze plaats een krachtige wind. Hier, op het meest westelijke punt van het hele eiland, ziet men de naburige eilanden La Palma en La Gomera in de verte en heeft men zicht op grote delen van de gekloofde zuidkust.
Met een beetje geluk kan men in het stuk zee tussen Punta de Teno en het eiland La Gomera ook walvissen en dolfijnen zien.

Op het meest westelijke punt van Tenerife is zelfs 'whale-watching' mogelijk.

Naar het schrale hoogland

We rijden nu terug naar Buenavista en nemen daar aan de rand van het dorp de weg naar het zuiden in de richting van Masca en Santiago del Teide. De weg loopt omhoog tussen kleine, in terrasvorm aangelegde akkers. In de wijk **El Palmar** slaan we rechtsaf richting Teno Alto.
Slingerwegen, rechts en links cactussen, vijgenbomen, verlaten terrassen, verdroogde wijnstokken. Op de top van de bergketen verandert de begroeiing: hier overheersen dichtbegroeide heide- en braamstruiken, daartussen kleine akkers, roodgekleurde grond. In het gehucht **Teno Alto** eindigt de geasfalteerde weg. Het dorp bestaat uit een dozijn huizen, de bar Los Bailaderos (landelijke Canarische gerechten), een kapel en de bar Teno Alto, die ook als voedingswinkel dienstdoet en waar onder andere saffraan uit dit gebied, evenals geitenkaas verkocht worden.
Het is de moeite om hier even uit te stappen, een hapje te eten in de bar en misschien daarna een of andere wandeling in de omgeving te maken. Verschillende bewegwijzerde wandelwegen beginnen in Teno Alto, evenals een wandelpad dat naar de vuurtoren loopt, waar we pas geweest zijn. Waar men ook kijkt: schrale bergen en steile kloven, veel droogte en wind, amper landbouw,

Eenzaam in het gebergte ligt het gehucht Teno Alto.

een beetje geitenteelt. Hier begrijpt men zeer snel waarom dit gebied voor nog slechts weinig mensen een vruchtbaar levensonderhoud mogelijk maakt.

De beroemde Masca-kloof

Restaurants, souvenirwinkels en bars hebben zich ondertussen in Masca gevestigd.

We rijden terug naar El Palmar en dan via de bochtige weg verder zuidwaarts. Opnieuw eenzame terrassen, vele cactussen, brem, amper een huis, steil in zee lopende barranco's, roofvogels boven de rotsen, uitzicht op de zuidkust. Na vele bochten bereiken we **Masca**, een aan beide kanten van de weg, op de helling gelegen bergdorp met gecultiveerde terrassen in de omgeving. Masca was ooit een slaperig bergdorpje in Teno Alto, maar is ondertussen al lang als toeristisch oord ontdekt. Bussen en auto's parkeren aan de rand van de smalle weg, groepen bezoekers wandelen er rond.
Vanuit Masca loopt een niet gemakkelijk bewandelbare wandelweg door een indrukwekkende kloof naar beneden naar de zee. Ongeveer drie uur heeft men nodig om weer naar Masca omhoog te wandelen.

Graan en ceramiek

En we rijden verder langs de slingerende weg. Vanop een pas ziet men de top van de Teide. Dan loopt de weg naar beneden naar het plaatsje **Santiago del Teide** (tankstation), waar we de C-820 bereiken. Langs deze weg rijden we ongeveer een kilometer zuidwaarts tot aan een kruispunt, waar links een weg richting Arguayo afsplitst.

Op de weg naar Arguayo rijden we door een bizar landschap van vulkanen en harde lava.

In november 1909 brak hier in de omgeving de vulkaan Chinyero uit. Lavastromen liepen naar beneden naar Arguayo tot vlak bij Santiago del Teide. Nu nog ziet men hier de enorme gevolgen van deze vulkaanuitbarsting. **Arguayo** zelf is een klein, niet bepaald spectaculair dorp. Maar twee attracties willen we hier toch nog bekijken, voordat we onze tocht beëindigen. Eerst: Arguayo was vroeger een van de centra van de plaatselij-

ke graanproductie. Het graan werd traditioneel op grote, ronde dorsplaatsen, de zogenaamde 'eras', gedorst. Nu ziet men de eras hier in het westen van Tenerife steeds minder, maar in Arguayo heeft men aan de linkerkant van de weg die door het dorp loopt in totaal acht eras die uit vulkaangesteente zijn gemaakt. Het dorp werd een picknickplaats en kreeg de naam **Parque San Isidro**. Een beetje verder zien we aan de rechterkant van de weg een klein, maar zeer interessant ceramiekmuseum, het **Centro Alfarero** (zo gesloten). Hier wordt getoond hoe de typische potten in dit gebied naar oud gebruik zonder pottenbakkersschijf met de hand gevormd werden.
Arguayo was ook steeds een centrum van de pottenbakkerskunst. Jonge ceramiekkunstenaars uit dit dorp hebben de traditie weer opgenomen en tonen in dit museum voorwerpen uit de geschiedenis van de plaatselijke pottenbakkerij, evenals origineel ceramiek, geïnspireerd door de traditionele vormen en kleuren. Vele mooie voorwerpen worden te koop aangeboden.

Traditionele pottenbakkerskunst uit Arguayo is een geliefd souvenir.

Een ommetje om te eindigen

Wie aan het einde van deze tocht langs de noordkust richting Puerto de la Cruz wil terugkeren, neemt de C-820 via Santiago del Teide naar het dorpje Erjos. Kort daarvoor splitst rechts een straat af richting San José de los Llanos, Casa Canales, Lomo Alto, La Vega, Icod de los Vinos. De weg loopt door een dichtbegroeid pijnboombos en zorgt vanaf La Vega voor fraaie uitzichten op de dichtbegroeide hellingen van de noordkust. De C-820 loopt dan verder langs de kust tot Puerto de la Cruz.

Duur: een halve dag of een dag
Kaart: voorflap

Van Ermita Cruz del Carmen naar Chamorga

Deze fietstocht loopt door het spectaculaire, dichtbegroeide Anaga-gebergte in het uiterste noorden van Tenerife.

De tocht loopt door dichte heide- en laurierbossen en zorgt onderweg voor een uniek uitzicht op de rotsklippen, kloven en beboste hellingen van het **Anaga-gebergte**, dat geologisch het oudste van Tenerife is.

Belangrijke voorwaarde voor deze tocht is een degelijke, goed functionerende fiets.

Enkele belangrijke opmerkingen voor u vertrekt. We fietsen langs een geasfalteerde weg die voor het grootste deel ter hoogte van het gebergte loopt. Enkele hellingen zijn niet te vermijden, maar zijn in geen geval extreem steil. Een mountainbike heeft men voor deze trip niet nodig, een degelijke toeristenfiets met versnellingen is voldoende.

Maar hoe komt men met zijn fiets boven in Ermita Cruz del Carmen, het vertrekpunt van deze fraaie fietstocht ? Het gemakkelijkst: u huurt een voldoende grote auto en brengt uw eigen of gehuurde fiets(en) (fietsverhuur 'Tenerife met en zonder auto', blz. 15) mee naar Ermita, u laat de auto er achter en geniet vanaf dan van een dag op het fietszadel. Tweede mogelijkheid: u begeeft zich met uw fiets naar het busstation in **La Laguna**, van waaruit per dag meerdere bussen zowel naar het vertrekpunt als naar het eindpunt van onze tocht rijden. U kunt de buschauffeur die naar het Anaga-gebergte rijdt, vragen om ook uw fiets (in de kofferruimte van de bus) mee te nemen. Gewoonlijk wordt uw wens vervuld. Wie vanuit La Laguna ongeveer tien kilometer omhoog naar Ermita Cruz del Carmen met de fiets wil rijden, is gewaarschuwd.

Niet-getrainde fietsers starten best pas in Ermita Cruz del Carmen.

Totaal onmogelijk is het niet, maar de weg loopt

met veel haarspeldbochten steil omhoog. Men moet al een doorgewinterde fietser zijn om deze weg aan te kunnen. Wie zich dergelijke extreem sportieve inspanningen wil besparen, begint deze fietstocht pas boven – bij Ermita Cruz del Carmen.

Fietsen met vergezicht

Vlak bij Ermita ligt een parkeerplaats, een mirador (zicht op La Laguna en het Bosque de la Esperanza) en een klein informatiecentrum (onregelmatige openingsuren). Voor het informatiecentrum heeft men enkele typische boomsoorten van dit gebied geplant, die we tijdens onze tocht nog wel meer zullen tegenkomen.

In het informatiecentrum zijn documenten en gegevens over flora en fauna in het Anaga-gebergte te zien.

Hiertoe behoren verschillende lauriersoorten, boomheide, taxussen, enz. Maar nu zijn we weg. De fietstocht loopt door het bos. Na ongeveer een kilometer hebben we een weg aan onze rechterkant, die ons al na korte tijd bij de **Mirador Pico del Inglés** brengt, waar de weg stopt. Het panorama vanaf deze mirador is werkelijk spectaculair. Richting noorden kijkt men over rotsklippen en groene dalen tot aan de kust bij het dorpje Taborno en Afur. Richting zuiden ziet men duidelijk de barranco, die naar beneden loopt tot de Barrio de la Alegría, een buitenwijk van Santa Cruz. Er loopt overigens ook een wandelweg direct van deze mirador naar beneden door de kloof naar Barrio de la Alegría.
Terug van de mirador naar de hoofdweg en dan verder oostwaarts door het dichte bos. Steeds

Groen, zo ver het oog kan zien: de vochtige passaatwinden zorgen in het Anaga-gebergte voor een weelderige vegetatie.

weer heeft men vanaf deze hooggelegen weg links en rechts uitzicht op de in zee lopende hellingen. Links loopt een weg naar Afur. Dan volgt aan de rechterkant weer een mirador met zicht op het zuiden tot beneden aan het kustplaatsje San Andrés. Verder op de hoofdweg, links beneden vlak bij de kust, is al het dorpje Taganana te zien. Vroeger werd daar beneden wijn verbouwd.

Op de steile hellingen boven de zee groeiden vroeger verschillende soorten wijndruiven.

De weg splitst nu. Links loopt de weg naar beneden naar **Taganana**, wij houden echter rechts aan richting Chamorga en volgen verder de hoofdweg. Op deze weg is er gewoonlijk zeer weinig autoverkeer. Het is er rustig. Opnieuw een bos aan de linker- en rechterkant, laurierbomen en heide, veel bomen zijn tien meter hoog of meer. Het hout van de boomheide (*Erica arborea*) werd vroeger door de kolenboeren gebruikt om houtskool te maken. Traditioneel werden ook tabakspijpen uit het bijzonder harde hout van de boomheide gesneden.

Even door het bos

We bereiken de berg **Chinobre**. Links loopt een niet-geasfalteerde weg in het bos naar beneden, waarlangs we na ongeveer twee kilometer de **Mirador Cabezo del Tejo** bereiken. Dit loont beslist de moeite. Aan het einde van de bosweg heeft men uitzicht op de beboste hellingen en de kleine gehuchtjes Benijo en El Draguillo beneden aan de kust. Terug naar de hoofdweg. Opnieuw een mirador aan onze rechterkant (uitzicht op Igueste), nu fietsen we naar beneden en een beetje later herkent men rechts het op een rots gelegen dorpje **Lomo de las Bodegas**.

Dan een tunnel en de weg loopt nu naar beneden naar **Chamorga**: een kerkje, een klein schooltje, een bushalte, palmen, kastanjebomen, meer dan een dozijn oude drakenbomen, aan het einde van het dorp een bar en het pension Casa Álvaro, dat gewoonlijk alleen tijdens het weekend open is. Hier eindigt onze fietstocht.

Direct aan de Casa Álvaro begint de wandelweg naar het ongeveer vier kilometer verder gelegen Roque Bermejo met de meest oostelijke vuurtoren van het eiland, Faro de Anaga.

Duur: een dag
Kaart: blz. 103

Van Las Carboneras naar Punta del Hidalgo

De fraaie wandeltocht door het Anaga-gebergte in het noorden van het eiland loopt grotendeels naar beneden en is ook uitstekend geschikt voor minder ervaren wandelaars.

Stevig schoeisel is noodzakelijk. Las Carboneras is ook bereikbaar met het openbaar vervoer. Meermalen per dag rijden bussen vanuit het busstation in Santa Cruz of La Laguna omhoog naar dit verzorgde en fraai in de bergen gelegen bergdorp. Ook het eindpunt van onze wandeling, het kustplaatsje Punta del Hidalgo, beschikt over busverbindingen, zodat men na deze wandeling met de bus terug naar La Laguna, Puerto de la Cruz of Santa Cruz kan gaan.

Las Carboneras ligt rustig en dromerig boven een smalle vallei die naar zee loopt. Aan de andere kant van de kloof ziet men het naburige dorp **Taborno** en een opvallende spitse rots, **Roque de Taborno** genoemd.

Las Carboneras, een oase van rust, biedt geen overnachtingsmogelijkheid.

Vanuit het centrum van het dorpje ziet men al de weg die langs de westelijke helling van de kloof loopt en die tot Chinamada zo is aangelegd dat hier ook auto's kunnen rijden – wat echter zeer zelden voorkomt.

Kloven, rotsen en vergezichten

We volgen deze weg, kijken echter nog even terug naar Las Carboneras met het kleine schooltje, het kerkje en de kleine venta, de voedingswinkel. Voor een oude boerderij prijkt een statige drakenboom. We wandelen verder. Aan onze rechterkant opnieuw terrassen op de hellingen, zelfs een soort kabellift, om de vruchten van de

Al van ver bekoort dit dorp door de leuke witte huisjes en de bebouwde, in terrasvorm aangelegde akkers met rode aarde.

kleine akkers op de hellingen naar de weg omhoog te brengen. Cactussen, boomheide, valken, krijsend boven de helling, uitzicht over het woeste landschap en terrassen tot aan de kust, enkele boerderijen aan de rand van de weg.

Dan rechts **Chinamada**, een kleine kapel, ten slotte een iets hoger gelegen huizenrij. Alle huizen en stallen – nu wonen hier nog slechts een dozijn mensen, waaronder een herder met zijn geiten – zijn uit de rotsen gehouwen. Alleen de witgekalkte voorgevels zijn te zien. Zonne-energie zorgt voor de nodige stroom. Vlakbij liggen de verlaten dorsplaatsen. Maar ook nu men ondertussen vanuit Las Carboneras met de auto hierheen kan komen, willen alleen nog enkele oudere mensen hier te midden van het eenzame berglandschap leven.

Chinamada was al in de periode van de Guanchen bewoond.

Bergen, natuur en stilte

We volgen nu een duidelijk herkenbare wandelweg die over de helling naar beneden loopt door het dal. De afdaling duurt ongeveer een uur. Onderweg zien we al de kust en het eindpunt van onze wandeling, **Punta del Hidalgo**.

Punta del Hidalgo leeft van de visvangst en de kweek van bananen.

Ten oosten van het dorp eindigt de landweg bij een baai. Hier komt de wandelweg vanuit Chinamada uit. En van hier vertrekt ook de bus die u weer naar La Laguna of Santa Cruz brengt. Wanneer u nog tijd hebt om even in Punta del Hidalgo te blijven, loont dit beslist de moeite. Het dorpje aan de rotsachtige noordkust wordt niet gedomineerd door het massatoerisme. Dit is misschien te verklaren door het feit dat er hier geen spectaculaire zandstranden zijn. Punta del Hidalgo heeft een kleine vissershaven en verschillende restaurants vlak bij de haven die gespecialiseerd zijn in gerechten met vis en zeevruchten. Wie zich na de wandeling met een lekkere maaltijd wil belonen, kan dit doen in het vlak bij de strandpromenade gelegen restaurant **La Caseta** (Avenida Marítima, 1).

Restaurant La Caseta staat ook bij de plaatselijke bevolking hoog aangeschreven.

Duur: een halve dag
Kaart: blz. 103

Montañas de Anaga
Atlantische Oceaan
Autoweg
Secundaire weg
Onverharde weg
Van Ermita Cruz del Carmen naar Chamorga
Van Las Carboneras naar Punta del Hidalgo
La Laguna
Bezienswaardige plaats
San Gonzalo
Uitstap
TopTen
Kerk
Vuurtoren
Panorama
Strand
C111
0
4,5 km
4,2 km
N
Roque de Fuera
Roque de Tierra
Playa del Junquillo
Faro de Anaga
Roque Bermejo
Casas Blancas
Punta del Drago
Punta de Anaga
Barranco de Anosma
Lomo de las Bodegas
Chamorga
Las Palmas
El Draguillo
Benijo
Mirador Cabezo del Tejo
Chinobre 910 m
Pico de Limante 798 m
Lomo Bermejo
Punta de Antequera
Playa de Antequera
Semaforo 427 m
El Roquete
Igueste de San Andrés
Playa de las Gaviotas
Punta de los Organos
Playa de las Teresitas
San Andrés
Barranco de las Huertas
Punta de los Roquetes
Playa de El Draguillo
Playa de Benijo
Almaciga
El Bailadero
Azanos
Playa de San Roque
Bco. de la Iglesia
N. S. de la Nieves
Taganana
Punta Poyata
Playa del Tamadite
Roque Negro
Paso 934 m
Roque Chiguel 695 m
Valle Brosque
El Roque 318 m
Santa Cruz
Boca del Valle
Roque de Taborno 707 m
Taborno
Afur
Punta Tamadite
Cruz de Taborno 1024 m
Mirador Pico del Inglés
Roque de la Fortaleza 751 m
Barranco de Tahodio
Bco. de Taborno
Ermita Cruz del Carmen
Mirador del Cruz del Carmen
Mirador de Aguere
Las Mercedes
Punta Fajana
Mirador de Aguaide
Chinamada
Tenejias 810 m
Batán de Arriba
Las Carboneras
Playa de los Troches
Roque Dos Hermanos 344 m
Bco. del Rio
Batán de Abajo
Monte de las Mercedes
Pedro Alvarez
Las Canteras
Ermita de las Mercedes
Punta del Hidalgo
Moguinal 755 m
Bajamar
Playa del Arenal
Tegueste
Tejina
Español 755 m
San Gonzalo

Door de Masca-kloof

Deze wandeling loopt vanaf 600 meter hoogte naar zee. Een veeleisend project voor een hele dag.

Het kleine stratendorp Masca, aan de bochtige weg tussen Santiago del Teide en Buenavista del Norte, is vooral bekend geworden wegens de bizarre kloof, die vanaf dit dorp tot aan de kust loopt. De tocht vanuit Masca door de barranco tot aan zee is een van de meest indrukwekkende wandelroutes die men op Tenerife kan maken.

Waarop u moet letten

Geleide groepswandelingen zijn niet alleen veiliger, maar verschaffen ook meer plezier.

Stevige wandelschoenen, drinkwater, proviand, warme kleding en bescherming tegen de zon zijn absoluut noodzakelijk.

De volgende richtlijnen moet u zeker voor het begin van de wandeling in acht nemen.
Verschillende organisatoren in Playa de las Américas of Puerto de la Cruz bieden door plaatselijke gidsen geleide wandelingen door de barranco van Masca aan. Bij speciale arrangementen worden de groepswandelaars na de afdaling door de kloof aan de Playa de Masca door een boot afgehaald en naar Los Gigantes gebracht. De vermoeiende terugweg (beklimming) naar Masca is op die manier niet nodig. Wie weinig wandelervaring heeft, moet beslist aansluiten bij een geleide groepswandeling door de kloof. Ook geoefende wandelaars mogen nooit alleen, maar moeten minstens met z'n tweeën door de kloof gaan, zodat er steeds iemand hulp kan halen wanneer dit nodig zou zijn.
Vanuit Buenavista of Santiago del Teide is Masca ook bereikbaar met de lijnbus. Wie met een huurauto naar Masca rijdt, vindt er slechts weinig parkeerplaatsen langs de kant van de weg. Daar moet u rekening mee houden. Maar nu vertrekken we!
De weg door de kloof begint bij het Centro Cultural en loopt langs de Casa Enrique naar beneden. Braambessen, wilde amandelbomen, lavendel, agaven en palmen omzomen het pad. We

moeten meermalen de bedding van de beek via bruggetjes oversteken. Het pad is duidelijk zichtbaar, via zware basaltblokken en veelkleurig vulkaangesteente loopt het ten slotte door de bedding van de kloof tot aan Playa de Masca, waar zich een aanlegsteiger voor boten bevindt.
Amper drie uur heeft de rustige afdaling geduurd. Een picknick met het ruisen van de branding op de achtergrond heeft de wandelaar nu wel verdiend. Maar een versterking is ook noodzakelijk, want de terugweg door de kloof is eveneens vermoeiend. De beklimming duurt ongeveer vier uur en dan is men weer in Masca. Goed restaurant: **El Guanche** in het voormalige schoolgebouw, bioproducten en vleesgerechten.

De afdaling loopt parallel met de bedding van de beek.

Duur: een dag
Kaart: voorflap

Houd uw fototoestel tijdens wandelingen op Tenerife steeds binnen handbereik.

Door de Barranco del Infierno

Ook minder ervaren wandelaars genieten van deze wandeltocht in de zogenaamde hellekloof. De weelderige begroeiing is prachtig.

De wandeltocht door de zogenaamde hellekloof bij het plaatsje Adeje is een van de meest geliefde in het achterland van de zuidkust. De naam klinkt dramatisch, de wandeling zelf is echter gemakkelijk. Degelijke wandelschoenen heeft men nodig, maar geen gevorderde ervaring als bergbeklimmer. De kloof bevindt zich vlak bij de grote vakantiecentra aan de zuidkust; daarom kan men hier soms veel wandelaars tegenkomen. Wie rustig wil genieten van de natuur in de kloof, moet 's morgens vroeg komen, hoe vroeger, hoe beter. Het best rijdt u met de huurauto naar het plaatsje Adeje. Maar ook vanaf het busstation in Playa de las Américas rijdt een bus naar het centrum van Adeje.

In totaal overwint men bij het klimmen en dalen 400 m hoogteverschil.

De weg door de kloof

U komt in de barranco aan het oostelijke einde van **Adeje**, dat naar het gebergte is gekeerd. Sla daar aan het laatste huis rechtsaf. Een bord duidt de weg aan. Deze is goed aangelegd en loopt direct naar de kloof. Langzaam gaat het bergop, via uitstekende rotsen, vijgencactussen, wolfsmelkstruiken, berglavendel en margrieten.

In het bijzonder 's morgens vroeg kan men het gefluit van de vogels horen, waarvan er hier vele soorten leven. Langs het panorama **Bailadero de las Brujas** ('Dansplaats van de heksen') en de Guanchen-grot en dan gaat men weer omhoog. De kloof wordt nu steeds smaller. De weg slingert door de dichte vegetatie, die hier door de waterloop op de bodem van de kloof is ontstaan. De barranco mondt ten slotte uit in een soort holle

De soortenrijke vegetatie in de kloof fascineert de wandelaar onmiddellijk.

weg, waar men aan het einde de beroemde waterval ziet, die in droge periodes slechts een beekje is. Het is echter helemaal niet de waterval die van deze tocht zo'n belevenis maakt, maar eerder de rijke flora en fauna in deze kloof. Hiervoor moet men echter de tijd nemen en het juiste tijdstip kiezen. Nogmaals: 's morgens vroeg doet de wandelaar in deze hellekloof de meeste inspiratie op. Later wordt deze zeer geliefde wandelweg vaak een druk bewandelde weg.
Wanneer u na deze wandeling nog tijd hebt voor een wandeling door het plaatsje **Adeje**, moet u beslist eens een bezoekje brengen aan de plaatselijke parochiekerk. Het meest waardevol is hier het kunstig bewerkte artesonadoplafond in mudejarstijl.
Bovendien beschikt de kerk over een imposante verzameling gobelins. Bekend in de hele buurt is de volkse bar **Oasis**, waar normaal gezien slechts één gerecht – kip met sla en wijn – wordt geserveerd. De onder het pseudoniem Janosch bekende auteur en illustrator van kinderboeken Horst Eckert schreef een theaterstuk dat zich voornamelijk afspeelt in de bar Oasis.

In Adeje zijn de kunstvoorwerpen in de parochiekerk indrukwekkend.

Inlichtingen: Oficina de Información Turística, Playa de las Américas, Pueblo Torviscas, tel. 9 22 75 06 33 of City Center, tel. 9 22 79 76 68
Duur: heen en terug 3-4 uur
Kaart: voorflap ■ B 5

Meesterlijk gewapend tegen gebrek aan water: in het woestijnachtige, droge zuiden vindt men veel cactussen.

Alarmnummers

Policía Nacional
Tel. 0 91 (algemeen in Spanje)
of 112 (alarmnummer op de Canarische Eilanden)
Informatie (dokters, brandweer, enz.) in het Spaans, Engels, Duits en Frans.

Politiekantoren
Santa Cruz
Tel. 9 22 60 63 17 en 9 22 21 93 00
La Laguna
Tel. 9 22 25 10 80 en 9 22 25 53 40
La Orotava
Tel. 9 22 33 06 43
Playa de las Américas
Tel. 9 22 79 14 14 (Guardia Civil),
9 22 71 06 06 (stadspolitie Adeje),
9 22 72 55 62 (stadspolitie Arona)
Puerto de la Cruz
Tel. 9 22 38 10 16

Bij verkeersongevallen
Guardia Civil de Tráfico
Santa Cruz
Tel. 9 22 66 24 41 en 9 22 25 55 48

Bevolking

Op alle Canarische Eilanden samen leven momenteel ongeveer 1,6 miljoen mensen, waarvan ongeveer 630.000 op Tenerife. Dat zijn ongeveer 310 inwoners per km^2.
Bevolkingsaantallen per gemeente: Santa Cruz 230.000, La Laguna 121.700, Arona 42.000, Puerto de la Cruz 39.500, La Orotava 35.000, Los Realejos 29.500, Adeje 29.000, Icod de los Vinos 22.500.
De bevolkingstoename bedraagt zo'n 1,6 procent per jaar.
Hoofdstad is Santa Cruz de Tenerife, de metropool van het studentenleven is La Laguna (ongeveer 20.000 studenten).

Dieren

Om huisdieren te mogen meenemen heeft men een bewijs nodig van de dierenarts (in het Nederlands of het Spaans) van inenting tegen hondsdolheid. De inenting mag hoogstens 12 maanden voor de datum van inreizen gegeven zijn.

Diplomatieke vertegenwoordigingen

Op de Canarische Eilanden
Nederlands consulaat
Calle de la Marina 7
Edificio Hamilton 35
Santa Cruz de Tenerife
Tel. 9 22 24 35 75

Belgisch consulaat
Calle Villalba Hervas 4-2
Santa Cruz de Tenerife
Tel. 9 22 24 11 93

Ambassades van het koninkrijk Spanje
In Nederland
Lange Voorhout 50
2514 EG Den Haag
Tel. 070/302 49 99

In België
Wetenschapsstraat 19
1040 Brussel
Tel. 02/230 03 40

Douane

Ondanks Spanjes lidmaatschap van de EU zijn de Canarische Eilanden nog niet volledig in de Europese douane-unie geïntegreerd. Tolvrij kunt u alleen de volgende producten meebrengen vanuit Tenerife: 1 l sterkedrank van meer dan 22% of 2 l sterkedrank (tot 22%) of 2 l schuimwijn en 2 l andere wijn. 200 sigaretten of 50 sigaren of 250 g tabak. 50 g parfum, 1/4 l toiletwater.

Economie

Het groeiende aandeel van het toerisme in de totale economie bedraagt afhankelijk van de berekeningswijze minstens 35 procent, andere statistieken spreken over 70 procent van het bruto nationaal product. Het aandeel van handel en transport bedraagt ongeveer 25 procent, industrie 11, bouwnijverheid 10, landbouw en visserij nog ongeveer 5 procent. Het officiële werkloosheidscijfer overschrijdt afhankelijk van het seizoen 20 procent.
De vroeger zo belangrijke teelt van bananen zit nu in een zware economische crisis. Naast de sterk verspreide kweek van bananen worden nu ook op grote schaal tomaten, aardappelen, bloemen (rozen, anjers, strelitzia's, gladiolen), tropische vruchten (ananas, kiwi's, papaja's), avocado's en wijndruiven gekweekt.

Feestdagen

Naast de officiële feestdagen voor heel Spanje zijn er op Tenerife ook lokale feestdagen (blz. 35).

1 januari	Año Nuevo (nieuwjaarsdag)
6 januari	Los Reyes (Heilige Driekoningen)
Februari/maart	Carnaval (op verschillende plaatsen, vooral in Santa Cruz)
19 maart	San José (Dag van de Heilige Jozef)
Maart/april	Semana Santa (Goede Week en paasfeest)
1 mei	Día del Trabajo (Dag van de Arbeid)
30 mei	Dag van de Canarische Eilanden
Juni	Corpus Cristi (Sacramentsdag), vooral in La Orotava (een week later)
25 juli	Santiago Apóstol (Heilige Jacobus) Dag ter herinnering aan de overwinning van de slag tegen de

Een favoriete vrijetijdsbesteding is domino.

	Britse admiraal Nelson (Santa Cruz)
15 augustus	Nuestra Señora de la Candelaria (Feest ter ere van de patrones van het plaatsje Candelaria en de hele archipel)
12 oktober	Día de la Hispanidad (Dag van de ontdekking van Amerika)
1 november	Todos los Santos (Allerheiligen)
6 december	Día de la Constitución (Dag van de Spaanse constitutie)
8 december	Inmaculada Concepción (Maria Ontvangenis)
25 december	Navidad (Kerstmis)

Fooien

Gewoonlijk geeft u een fooi wanneer u tevreden bent over de service in het restaurant, hotel (kamerservice) of de bar, evenals voor de taxichauffeur, reisleider, tolk, berggids, bagagedrager, enz.
De fooi bedraagt ongeveer tussen 5 en 10 procent van de rekening of men rondt de rekening af.

Fotograferen

Film- en fotomateriaal kan men in de grote toeristische centra kopen en men kan er ook films laten ontwikkelen. De prijzen zijn echter meestal niet echt laag.
Goede raad: koop voldoende films, vervangbatterijen en ander fotomateriaal thuis. Vooral films zijn in Spanje vaak duurder.

Geld

De gebruikelijke **creditcards, eurocheques** en **reischeques** worden door de meeste grote hotels, vaak ook door restaurants, autoverhuurders en toeristische agentschappen en winkels in de belangrijke toeristische centra aanvaard. Het bedrag voor eurocheques is ook in Spanje begrensd. Op het platteland hebt u meestal wel contant geld nodig.
U kunt kostenloos geld afhalen van uw **postspaarboekje** bij de kantoren van de Spaanse **postspaarkas (Caja Postal)**. Het bedrag is echter per maand beperkt. Bij het inwisselen van **eurocheq**ues moeten chequekaart en identiteitskaart getoond worden. De banken zijn meestal van ma tot vr van 9-14 uur en za van 9-13 uur open. De meeste banken beschikken intussen over **geldautomaten** (Telebanco), waar u 24 uur per dag met krediet- of eurochequekaarten (de persoonlijke geheime code moet ingegeven worden) geld kunt afhalen. Het bedrag is gelimiteerd.

Centrale dienst voor het blokkeren van cheques in geval van verlies
In geval u uw creditkaart verliest, kunt u in Spanje de volgende noodnummers bellen:
Visa-spaarbank, Euro- en Mastercard:
Tel. 91/4 35 24 45
Visa-banken:
Tel. 91/4 02 26 00
Diners Club:
Tel. 91/2 47 40 00
American Express:
Tel. 91/4 59 90 09

Inlichtingen

Spaans bureau voor vreemdelingenverkeer

In Nederland
Laan van Meerdervoort 8-8a
2517 AJ Den Haag
Tel. 070/346 59 00
Fax 070/364 98 59

In België
Kunstlaan 21
1040 Brussel
Tel. 02/280 19 26 en 280 19 29
Fax 02/230 21 47

Toeristische informatie op Tenerife

Santa Cruz ■ K 4/K 5
Plaza de España s/n
(in het gebouw van het Cabildo Insular de Tenerife)
Tel. 9 22 23 95 92, 9 22 23 98 97 en 9 22 23 98 11, fax 9 22 23 98 12

Puerto de la Cruz ■ c 1, blz. 63
Plaza de Europa
Tel. 9 22 38 60 00

Aeropuerto Sur ■ C 6
Aeropuerto Reina Sofia
Tel. 9 22 39 20 37

Playa de las Américas/ Adeje ■ B 5/B 6
Tel. 9 22 75 06 33

Santiago del Teide ■ B 3
Tel. 9 22 86 03 48

Internet

De volgende adressen geven algemene en toeristische informatie (in het Spaans) over Tenerife:
cabtfe.es/puntoinfo/texto/e/index
cabtf.es/oasis
cistia.es/cabildotf
ctv.es/USERS/laurisilva

Kamperen

Nauta
Cañada Blanca/Las Galletas, Ctra. 6225 (km 1,5). Behoort tot de gemeente Arona.
Tel. 9 22 78 51 18 en 9 22 78 50 27, fax 9 22 79 50 16
1ste categorie
Capaciteit: 6000 personen
Het hele jaar door open

Kleding

Terwijl aan de kust de warme zon schijnt en uitnodigt om te gaan zwemmen, kan het in de bergen, vooral in het gebied van de Teide en het Anaga-gebergte, koel en winderig zijn. Wie dus niet alleen aan het strand wil blijven, maar ook uitstapjes in het prachtige gebergte wil maken, moet beslist degelijke wandelschoenen, een warme trui, een sjaal en een windjack meenemen. Absoluut noodzakelijk is warme, weerbestendige kleding, wanneer u in het nationaal park van de Teide met de kabelbaan naar het panoramaterras La Rambleta (3555 m boven de zeespiegel) wilt gaan. Dit geldt ook in de zomermaanden. Bij wandelingen – vooral in de zomer – is het ook raadzaam een hoofdbedekking mee te nemen die u beschermt tegen de vaak heel felle zonnestralen. Zwemkleding mag in uw bagage voor Tenerife natuurlijk niet ontbreken. Ook tijdens de wintermaanden is het vaak warm genoeg om te zwemmen.

Klimaat

Aan de kust, vooral in het zuiden, heersen aangename temperaturen met het hele jaar door zwemmogelijkheden. Zelfs in de wintermaanden worden hier temperaturen van ca. 20°C gemeten, in het midden van de zomer tot 30°C. Aan de oostkust, vooral bij El Médano, staat er vaak een sterke wind met zandverstuivingen. Tussen oktober en april is er kans op regen en sneeuw in het Teide-gebied. Terwijl aan het strand de warme zon schijnt, kan het in de bergen uitgesproken fris en winderig zijn. Voor uitstapjes naar het nationaal park van de Teide hebt u warme kleding en stevig schoeisel nodig.

Kranten

In de grote toeristische centra kan men ook Nederlandse en Belgische kranten en tijdschriften kopen, vaak met slechts een dag vertraging.

Medische voorzieningen

Wanneer u bent aangesloten bij een wettelijke of vrijwillige ziekenfondsverzekering, moet u voor het begin van de reis bij uw verzekering het binnen de EU geldende formulier E 111 halen, dat beslist vóór (!) de behandeling bij de dokter of in het ziekenhuis voorgelegd moet worden.
Een aanvullende ziekteverzekering voor het buitenland is eventueel zinvol, omdat in geval van nood contant betaalde dokters- of ziekenhuisrekeningen niet altijd door de ziektekostenverzekering worden terugbetaald. Met een extra verzekering bent u ook vrij om een arts te kiezen.
Wie medische zorg nodig heeft, kan zich het beste wenden tot de receptie van het hotel of bij de vertegenwoordiger van de reisorganisatie waar hij geboekt heeft. Daar helpt men u graag met raad en daad.
In de omgeving van Playa de las Américas, Los Cristianos en Puerto de la Cruz zijn er altijd wel artsen te vinden die Engels spreken.
Telefoonnummers van de medische hulpdiensten staan vermeld bij de afzonderlijke plaatsen onder 'Nuttige informatie'.
Apotheken (**farmacias**) zijn gewoonlijk van maandag tot vrijdag van 9 tot 13 uur en van 16 tot 19 of 20 uur open, op zaterdag van 9 tot 13 uur. Een bord bij de ingang geeft informatie over de hulpdiensten.

Naturisme

Er zijn geen officiële naturistenstranden, -campings of -hotels. Enkele kuur- en fitnesshotels, zoals het Oceano in Punta del Hidalgo, bieden hun gasten een eigen naturistenterras aan. Naturisten kunnen wel terecht op enkele afgelegen, kleine stranden: Playa de la Tejita en Playa de la Rajita bij El Médano, Bahía de la Garañona bij Mesa del Mar, Playa de las Gaviotas en Playa de Antequera bij Igueste, Punta de las Gaviotas bij La Caleta en Playa Los Patos-El Rincón en Lomo Román bij Puerto de la Cruz. Topless zonnen is aan de meeste stranden geen probleem.

Netspanning

Geen probleem. Stopcontacten met de gebruikelijke netspanning van 220 volt zijn in alle hotels, pensions en appartementen aangebracht.

Politiek

Spanje is in 17 autonome gebieden (**Comunidades Autónomas**) onderverdeeld, waarvan één de Canarische Eilanden (**Comunidad Autónoma de Canarias**) is. Binnen de Canarische Eilanden heeft men twee provincies, de ene – Santa Cruz de Tenerife – met de westelijke eilanden Tenerife, La Palma, La Gomera en El Hierro, de andere – Las Palmas de Gran Canaria – met de oostelijke eilanden Gran Canaria, Fuerteventura en Lanzarote. De autonome gebieden, waaronder ook de Canarische Eilanden, die in 1982 autonoom werden, beschikken over uitgebreide zelfbestuurrechten. De bevoegdheden die belangrijk zijn voor heel Spanje (leger, buitenlandse politiek, burgerluchtvaart, telecommunicatie, enz.) vallen echter

net als voorheen onder de bevoegdheid van de centrale regering in Madrid. Het ministerie van binnenlandse zaken van Madrid is net zoals in alle Spaanse provincies ook in de twee provincies van de Canarische Eilanden vertegenwoordigd door een burgergouverneur (**gobernador civil**). De plaatselijke regeringen op de Canarische Eilanden worden **cabildos** genoemd, op het vasteland gewoonlijk diputación. Elk eiland van de archipel beschikt over een eigen **cabildo insular**. De vereniging van de Cabildos wordt **mancomunidad de cabildos** genoemd.
Politieke groeperingen, die zoals bijvoorbeeld in het Baskenland volledige onafhankelijkheid voor de Canarische Eilanden eisen, hebben geen noemenswaardige invloed. Belangrijk is echter naast de op het Spaanse vasteland vertegenwoordigde partijen (PSOE, PP, enz.) de gematigde partij van de Canariërs. Zij eist extra rechten voor het autonome gebied van de Canarische Eilanden en meer economische steun van de Spaanse centrale regering en de EU om de verkeersongunstige ligging van de Canariërs aan de rand van Europa en andere nadelen wegens de ligging van de eilanden, goed te maken.

Post

Openingsuren van de postkantoren gewoonlijk: ma-vr 9-14, za 9-13 uur. De **postspaarkas** (**Caja Postal**) is meestal niet in de postkantoren ondergebracht, maar heeft eigen kantoren.

Radio

Met een wereldontvanger kan ook op Tenerife de Wereldomroep ontvangen worden. Informatie over frequentie en uitzendtijden bij:
Radio Nederland Wereldomroep
Postbus 22
1200 JS Hilversum

Radio Vlaanderen Internationaal
Reyerslaan 42
1040 Brussel

Reisdocumenten

Voor vakantiegangers uit de EU volstaat een geldige identiteitskaart of reispas.
Bij een verblijf van langer dan 3 maanden is een visum vereist.

Taal

De taal is het Spaans (**castellano**). Het dialect dat op de Canarische Eilanden gesproken wordt, doet denken aan het Andalusische of het Zuid-Amerikaanse dialect. Van het standaard Spaans afwijkend zegt men bijvoorbeeld **guagua** voor autobus, **estación de guaguas** voor busstation, **naife** voor mes of **papa** voor aardappel.
In de hotels en restaurants in de grote vakantiecentra spreekt en begrijpt het personeel ook Engels.

Telefoon

Goedkoper dan vanuit de hotelkamer kan men in de openbare telefooncellen of in de speciale telefooncellen van de maatschappij **Telefónica** telefoneren. Op werkdagen na 22 uur, op zaterdag vanaf 14 uur en op zon- en feestdagen is telefoneren ongeveer de helft goedkoper.

Landnummers
Tenerife: 0034 voor Spanje, daarna steeds het zonenummer 9 22, ten slotte het nummer van de abonnee.
België: 0032

Nederland: 0031
Vanuit Tenerife naar Las Palmas, Fuerteventura, Lanzarote: 9 28 plus het abonneenummer.

Televisie

In de meeste grote hotels aan de zuid- en noordkust kunnen via de satelliet ook Duitse, Spaanse, Britse en Franse televisieprogramma's ontvangen worden.

Tijdverschil

Op de Canarische Eilanden geldt de West-Europese Tijd, die het hele jaar door een uur afwijkt van de Midden-Europese Tijd, omdat ook op Tenerife van april tot september het zomeruur van kracht is. Wanneer het op Tenerife 12 uur is, is het bij ons dus al 13 uur.

De precieze klimaatgegevens van **Santa Cruz de Tenerife**:

	Januari	Februari	Maart	April	Mei	Juni	Juli	Augustus	September	Oktober	November	December
Temp. in °C Dag	20,4	20,6	21,7	22,7	23,8	26,0	28,3	28,8	27,7	26,0	23,6	21,4
Temp. in °C Nacht	14,4	14,3	14,7	15,7	16,9	18,5	20,1	20,7	20,5	19,4	17,4	15,5
Zonne-uren per dag	5,8	6,3	7,3	8,4	9,2	10,2	11,4	10,5	8,4	7,1	5,7	5,5
Regendagen	7	5	4	2	1	0	0	0	0	4	5	7
Watertemp. in °C	19	18	18	18	19	20	21	22	23	23	21	20

Bron: Deutscher Wetterdienst, Offenbach

A

aceite: olie
aceituna: olijf
agua: water
- *con (sin) gas:* water met (zonder) gas
- *mineral:* mineraalwater
aguardiente: sterkedrank, borrel
ajo: knoflook
albóndiga: frikadel
alcachofa: artisjok
almeja: hartschelp
almendra: amandel
arroz: rijst
asado: gebraden vlees

B

bacalao: stokvis
bisté, bistec: biefstuk
bocadillo: belegd broodje
buey: rund, os

C

cacahuetes: aardnoten
café con leche: koffie met veel melk
- *cortado:* koffie met weinig melk
- *solo:* zwarte koffie
calabaza: pompoen
caldo: vleesbouillon
cangrejo: kreeft
capón: kapoen
carne: vlees
cazuela: eenpansgerecht, stamppot
cebollas: uien
cerdo: varkensvlees
cerveza: bier
- *oscura:* donker
- *rubia:* licht ('blond')
chicharrón: varkensvlees in korstdeeg
chorizo: rode paprikaworst
chuleta: kotelet
churro: een soort spritsgebak
ciruelas: pruimen
cocido: eenpansgerecht met vlees, erwten en aardappelen
coliflor: bloemkool

D

dátiles: dadels
dulces: zoetigheden

E

escalopa: schnitzel
espárrago: asperge
- *triguero:* (wilde) groene asperge
estofado: gestoofd vlees

F

fino: droge sherry
fresa: aardbei
frito: gefrituurd

G

garbanzos: kikkererwten
gazpacho: koude groentesoep
guisado: gestoofd vlees
- *picante:* ragout
guisante: erwt

H

helado: consumptie-ijs
hielo: ijs, ijsblokje
hígado: lever
huevo: ei
- *revuelto:* roerei

J

jabalí: wild zwijn
jamón: ham
judías: bonen

L

leche: melk
lechuga: groene sla
lengua: tong
lenguado: zeetong
lenteja: linzen
liebre: haas
lomo: rugstuk

M

manteca: vet
mantequilla: boter
manzana: appel
mariscos: zeevruchten, mosselen
melocotón: perzik
membrillo: kweepeer
merengue: schuimgebak
mermelada: marmelade
morcilla: bloedworst

N

naranja: sinaasappel
nata: room
nuez: walnoot

O

olla: gekookt eenpansgerecht
ostras: oesters

P

paella: rijstgerecht
pan: brood
papas, patatas: aardappelen
pasas: rozijnen
pastel: gebak, taart
- *de patatas:* aardappelmeel
patatas fritas: gefrituurde aardappelen
pato: eend
pecho: borst
pechuga: kippenborst
pepino: komkommer
perdiz: patrijs, veldhoen
perejil: peterselie
pescado: vis
pez espada: zwaardvis
picadillo: gehakt vlees
pimienta: peper
puchero: eenpansgerecht

Q

queso: kaas

R

ración: 'dubbele' tapa
repollo: wittekool
riñones: niertjes

S

salchichas: worstjes
salchichón: een soort salami
salsa: saus
sangría: koude bowl van rode wijn, water, suiker, vruchten
sardina: sardine
seta: eetbare paddestoel
solomillo: filet
sopa: soep met vulsel
- *de verduras:* groentesoep

T

tapa: aperitiefhapje
tarta: gevulde taart
ternera: kalf, kalfsvlees
tiburón: haai
tocino: spek
tortilla francesa: omelet
- *española:* omelet met aardappelen
trigo: tarwe
trucha: forel
turrón: amandelgebak

U

uva: wijndruif

V

venado: hert
vinagre: azijn
vino: wijn
- *blanco:* witte wijn
- *del país:* landwijn
- *rosado:* rosé
- *tinto:* rode wijn

Z

zanahoria: wortel
zumo (de frutas): vruchtensap

Hier vindt u de bezienswaardigheden, musea en uitstapjes die in deze gids beschreven werden. Bovendien bevat het register belangrijke trefwoorden en tips uit deze gids. Wanneer een begrip verschillende keren voorkomt, verwijst het **vet**gedrukte getal naar de belangrijkste vermelding.

Originele titel: *Teneriffa* (H. Klöcker)

Deze uitgave door: Deltas, België-Nederland.
Nederlandse vertaling: I. Taelemans
Gedrukt in de EU
D-MCMXCIV-0001-263

Geactualiseerde uitgave 2001

Omslagfoto: K. Thiele, drakenboom in Icod de los Vinos
Kaarten: MERIAN-Kartographie

Foto's
Alle foto's E. Wrba, behalve:
G. Amberg 49, 77
O. Baumli 9, 76
foto-presse timmermann 107
O. Heinze 2/3, 6, 7, 8, 39, 40, 59, 99
H. Klöcker 51
Silvestris Fotoservice/Heine 12, 24, 28, 31, 34, 61, 64, 65, 78, 81, 87, 91, 93, 109
K. Thiele 20, 105